Richard Deiss

Kaufhaus der Worte

222 Buchläden, die man kennen sollte

Adresse des Autors:
Richard Deiss
Machnowerstr. 65
D-14165 Berlin
Richard.deiss@gmail.com

Anregungen und Kommentare sind willkommen und werden in der nächsten Auflage berücksichtigt.

Herstellung und Verlag: BoD- Books on Demand, Norderstedt

Achte Auflage 2020, Originalausgabe

Printed in Germany

Der Inhalt dieses Buches entspricht ausschließlich der Privatmeinung des Autors.

ISBN   978-3-842-3005-69

Bibliografische Information der Deutschen Nationalbibliothek

Die Deutsche Nationalbibliothek verzeichnet diese Publikation in der Deutschen Nationalbibliografie; detaillierte bibliografische Daten sind im Internet über http://dnb.d-nb.de abrufbar

Inhalt

Vorwort

Ursprüngliche Idee für dieses Buch war, die 100 schönsten Buchläden Deutschlands, Europas und der Welt aufzulisten. Allerdings gibt es Buchläden, die nicht unbedingt einen Schönheitspreis gewinnen würden und dennoch, was ihren Beitrag zur Zeitgeschichte und Buchhandelskultur betrifft, bedeutsam waren und sind. Also erweiterte ich das Konzept um die Idee, auch interessante, geschichtlich bedeutsame oder anderweitig besondere Buchläden aufzunehmen. Und schließlich wurden Kategorien und Unterkategorien eingeführt, um das Ganze zu strukturieren und spezielle Interessen abzudecken, wie Kochbuchläden und Krimibuchläden. Da pro Unterkategorie jeweils 10 Buchläden herausgestellt werden sollen (eine Art Top 10 der jeweiligen Kategorie), ergab sich schließlich mit mehr als 20 Kategorien und Unterkategorien eine Liste von mehr als 200 interessanten Buchläden. Eine Auflistung nach Städten und mit Adressen im Anhang erleichtert das Auffinden.

Die siebte und letzte Auflage stammte aus dem Jahr 2014. Seither durchlief der Buchhandel einen starken Strukturwandel.

Etwa ein Zehntel der in der letzten Auflage aufgeführten Buchläden sind seither geschlossen worden und mussten gestrichen werden. Ein Dutzend Buchhandlungen wurden jedoch neu aufgenommen.

Angesichts rascher Veränderungen der Buchhandelslandschaft, mit Schließungen, Umbenennungen und Neueröffnungen, bleibt es weiterhin eine Herausforderung, das Buch einigermaßen aktuell zu halten. Es soll zukünftig wieder in rascherer Folge aktualisiert werden.

Ich hoffe, das Büchlein regt die Leser an, bekannte Buchhandlungen zu besuchen und neue zu entdecken.

Berlin im März 2020
Richard Deiss

1. Die schönsten Buchhandlungen

Im Januar 2008 veröffentlichte Sean Dodson im britischen *Guardian* eine Liste ‚*The World's best bookshops*' mit den aus seiner Sicht 10 besten Buchläden der Welt. Seither ist auch in vielen Blogs die Frage aufgetaucht, was eigentlich die schönsten Buchläden der Welt bzw. Deutschlands sind. Für Europa hat der schöne, Ende Juli 2010 erschienene Bildband ‚*Die schönsten Buchhandlungen Europas*' (Rainer Moritz, Reto Guntli) geholfen, die Frage zu beantworten. Die dort beschriebenen 20 schönsten Buchläden sind im Anhang aufgelistet (einer ist mittlerweile geschlossen worden). Auch die englischsprachige Webseite www.bookstoreguide.org geht der Frage der besten (unabhängigen) Buchläden Europas nach. Was die Frage nach den schönsten Buchläden der Welt betrifft, sind in fast allen Listen folgende 4 Buchhandlungen zu finden:

- *Lello, Portugal*
- *Polare Dominicanen, Maastricht*
- *El Ateneo, Buenos Aires*
- *Shakespeare & Co, Paris*

Um ein wenig über die üblichen 4-10 Namen hinauszugehen, werden in den folgenden fünf Unterkapiteln in den Kategorien ‚Top 10 international', ‚schöne Gebäude', ‚schöne Inneneinrichtungen´, große Buchfülle' und `innovative Gestaltung´ jeweils 10 Buchläden, insgesamt also 50 (plus weitere in Deutschland) genannt.

Schöne Buchläden sind mit einem Stern ★ gekennzeichnet, besonders schöne mit zwei Sternen, außergewöhnlich gestaltete mit ✧, Läden großer Buchfülle mit ☕, geschichtlich bedeutende mit ▥.

★ ★ 🗟 🏛 Lello, Porto
114, rua das Carmelitas

Die 1906 eröffnete Buchhandlung Lello in Portugal taucht auf fast allen Listen der schönsten Buchläden der Welt auf. Hinter einer Fassade in eklektizistischem neo-manuelitischen Stil, beeindruckt Lello durch seine jugendstilbeschwingten hölzernen Treppenaufgänge, eine mit Glasmalereien verzierte Lichtkuppel und hohen Bücherregalen aus edlen Hölzern.

★ ★ ◇ Polare Dominicanen, Maastricht
Dominicanerstraat 1

Im November 2006 eröffnete in einer ehemaligen Maastrichter Kirche eine Filiale der niederländischen Buchhandelskette Selexyz (mittlerweile Polare). Die Denkmalschutzbehörden, hatten zur Auflage gemacht, die historische Architektur der Kirche, einschließlich der Wände und Fenster zu belassen. Da keine neuen Wände eingezogen werden durften, wurden mitten im Kirchenraum freistehende Regale aufgestellt. Auch der Chorraum wurde in seiner Gestaltung belassen und in den Buchladen einbezogen. Das Ergebnis hat internationale Aufmerksamkeit hervorgerufen. Dominicanen ist seither der Shooting Star unter den international bekannten schönen Buchläden. Nachdem Selexyz und de Slegte zu Polare fusionierten, ging Polare Anfang 2014 in Konkurs und schloss alle Läden. Mittlerweile ist Dominicanen jedoch wiedereröffnet.

★✧🏛 El Ateneo Grand Splendid, Buenos Aires
Santa Fe, Barrio Norte
Im Jahr 2000 eröffnete die argentinische Buchhandelskette El Ateneo in einem 1919 erbauten, stillgelegten Theater, welches später als Kino diente, eine Filiale, die die grandiose Inneneinrichtung mit umlaufenden Theaterrängen und Bühne nicht antastete. *El Ateneo Grand Splendid* taucht seither in allen Listen der schönsten Buchläden der Welt auf.

★★🌊 🏛Shakespeare & Co, Paris
37, rue de la Bûcherie
Der Amerikaner George Whitman war Soldat in Europa und blieb nach dem 2. Weltkrieg in Paris hängen. Er begann ein Studium an der Sorbonne und als sich bei ihm immer mehr englischsprachige Bücher ansammelten, machte er aus seinem Zimmer eine Bibliothek und einen kleinen Buchladen. Schließlich erwarb er ein kleines Appartement nahe der Seine, gegenüber der Nôtre-Dame Kathedrale und eröffnete dort im August 1951 einen kleinen Buchladen, den er Shakespeare & Co nannte. Im Laufe der Jahre wurde der Laden bei angehenden amerikanischen Schriftstellern, die sich in Paris aufhielten, bekannt und Whitman richtete im Obergeschoss ein Matratzenlager ein, wo arme Poeten kostenlos übernachten konnten. Shakespeare&Co wurde zur literarischen Legende und bis vor wenigen Jahren saß

Whitman der im Dezember 2011 kurz nach seinem 98. Geburtstag starb, selbst hinter der Ladentheke. Mittlerweile hat seine Tochter <u>Sylvia Beach Whitman</u> die Geschäfte übernommen, doch der Buchladen mit seiner interessanten Inneneinrichtung hat immer noch eine besondere Ausstrahlung.

⛴★★◇ Libreria Acqua Alta, Venedig
Sestiere Castello 5167

Kleiner, chaotischer aber atmosphärereicher Buchladen, der 2003 gegründet wurde und dessen Originalität mit skurrilen Ideen immer weiter ausgebaut wird. Eine venezianische Gondel als Bücherkiste findet sich, eine aus Büchern bestehende Treppe zudem sitzen fünf Katzen herum. Der Name des Buchladens bedeutet ‚Hochwasser‘ und davon ist der Laden auch manchmal Venedig-typisch betroffen. Die mit Büchern vollgestopfte Gondel im Laden ist deshalb nicht ganz verkehrt. Nach Meinung des Inhabers <u>Luigi Frizzo</u> und von Besuchern (der Buchladen wird sogar in japanischen Reiseführern erwähnt), ist Acqua Alta *'the most beautiful bookshop in the world'*.

★★✧Cook and Book, Brüssel
Avenue Paul Hymans 251

Das 2006 im Brüsseler Stadtteil Woluwe St. Lambert er-
öffnete Cook&Book kombiniert ein Restaurant mit einem
Buch- und Musikgeschäft. Teile des Ladens sind im 1950er
Stil gehalten, komplett mit von Büchern umgebenen
Reisemobil: Ob der vielen verwirklichten Designideen
kommt man aus dem Staunen nicht mehr heraus.

☜🏛★ Hatchards, London
187, Piccadilly

Hatchards, unweit vom Piccadilly Circus gelegen, wurde
bereits 1797 eröffnet und ist damit der älteste noch heute
existierende Buchladen Londons. Die gediegene, Inneneinrichtung mit Parkett und fein ziselierten hölzernen Treppen-
aufgängen strahlt die Tradition eines über 200 Jahre alten
Buchladens aus. Das britische Königshaus und Schriftsteller
wie Rudyard Kipling und Oscar Wilde zählten einst zu den
Kunden. Vor ein paar Jahren hat Hatchards seine
Unabhängigkeit verloren, er gehört jetzt zur britischen
Buchkette *Waterstones*. An der Gestaltung des Buchladens
hat sich jedoch nichts geändert.

★ Waterstone's, Bradford
10, Hustlergate

Eine besonders schöne Filiale der Buchkette Waterstone's findet sich im Erdgeschoss der 1867 in neogotischem Stil erbauten Wollbörse *Wool Exchange* im nordenglischen Bradford. Die hohen Decken und Spitzbogenglasfenster verleihen dem Buchladen eine fast kirchliche Atmosphäre.

★◇ Waanders in de Broeren, Zwolle
Achter de Broeren 1-3

Der spektakuläre Buchladen Dominicanen in Maastricht hat im niederländischen Zwolle einen Nachahmer gefunden. Im Juli 2013 eröffnete der unabhängige Buch-händler <u>Wim Waanders</u> in der Broeren-Kirche eine Buchhandlung in beeindruckendem Ambiente mit lichter, fast sakraler Anmutung. Lokalpatrioten sehen in Waanders die schönste Buchhandlung der Niederlande.

★ Alexandra, Budapest

Andrassy Ut 39

Diese Filiale der ungarischen Buchhandelskette Alexandra wurde im Herbst 2009 in einem Gebäude eröffnet, das 1911 als erstes modernes Kaufhaus Budapests errichtet wurde. Zu Zeiten des Kommunismus waren Angebot und Ausstattung wenig erbaulich. Nach der erneuten Sanierung erstrahlen die Räume mit ihren hohen Decken in kühler Eleganz. In der zweiten Etage des Buchladens ein Café mit Kronleuchtern und beeindruckenden Decken-Freskos des deutsch-ungarischen Malers Karoly Lotz. Allein wegen des Cafés lohnt sich ein Besuch.

Café im Alexandra

Die 30 schönsten Buchläden Deutschlands

<u>Allgemeines Sortiment, Literatur und Antiquariat</u>
- **Antiquariat im Honnes**, Velbert-Langenberg
- **Böttger**, Bonn
- **Lesenswert**, Alsfeld
- **Connewitzer Verlagsbuchhandlung**, Leipzig
- **Felix Jud**, Hamburg
- **Friedrich Schaumburg**, Stade
- **Gebecke Buchhand. u. Antiquariat**, Quedlinburg
- **Hacker& Presting**, Berlin
- **Hatry,** Heidelberg
- **Korn&Berg**, Nürnberg
- **Proust Wörter und Töne**, Essen
- **Ludwig Presse und Buch**, Leipzig Hbf
- **Müller&Böhm Literaturhandlung**, Düsseldorf
- **Markus,** Gütersloh
- **Taube**, Marbach am Neckar
- **Zum Wetzstein**, Freiburg

<u>Buchkaufhäuser, Filialisten</u>
- **Mayersche Droste**, Düsseldorf (Königsallee)
- **Reuffel**, Koblenz
- **Thalia Metropol,** Bonn
- **Thalia Buchhaus Campe**, Nürnberg

<u>Fachbuchläden</u>
- **Bücherbogen am Savignyplatz**, Berlin
- **Collectio Navalis**, Berlin
- **Geobuch**, München
- **Dr. Götze Land &Karte**, Hamburg
- **Sautter und Lackmann**, Hamburg
- **Soda,** München
- **Taschen,** Berlin (Friedrichstr.)
- **Walther König an der Museumsinsel**, Berlin
- **Walther König Residenzschloss**, Dresden
- **Walther König,** Köln (Ehrenstr.)

1.2 Buchläden in schönen Gebäuden

★◇Taube, Marbach
Wendelinskapelle, Marktstraße 2
Seit 1986 wird eine im 15. Jahrhundert erbaute Kapelle im historischen Zentrum der Schillerstadt als Buchhandlung genutzt, erst als Marbacher Filiale der Ludwigsburger Buchhandlung Aigner, später durch eine unabhängige Buchhandlung. Die Anordnung von Buchregalen unter den hohen gotischen Fenstern im Chor tragen zur besonderen, leicht spirituellen Atmosphäre bei.

★ Buchhandlung Felix Jud, Hamburg
Neuer Wall 13
Eine klassisch schöne Buchhandlung in einer schönen Passage mit Deckenmalereien in Hamburgs Innenstadt. Obwohl der Buchladen auch Kunst und Antiquariat abdeckt, gehört Felix Jud zu *5 plus*, eine Kooperation von 5 renommierten unabhängigen Literaturbuchhandlungen in Deutschland.

Felix Jud, Hamburg

★ Manz, Wien

1912 gestaltete der berühmte österreichische Architekt Adolf Loos (1870-1933) das noch heute erhaltene Portal der Manz'schen Universitätsbuchhandlung am Kohlmarkt in Wien. Die Innengestaltung ist jedoch von moderner Durchschnittlichkeit.

★ Molière, Charleroi
Boulevard Joseph Tirou 68
Molière, mit 1400 m² größter Buchladen Walloniens, findet sich in den Räumlichkeiten eines ehemaligen, 1907 erbauten historistischen Postgebäudes im Zentrum von Charleroi. Im Dachgeschoss finden unter der Holzkonstruktion des Dachgiebels Autorenlesungen statt.

★Markus, Gütersloh
Münsterstraße 9
Am Rande der Gütersloher Altstadt, in einem Fachwerkhaus, das 1649, also ein Jahr nach Ende des Dreißigjährigen Krieges gebaut wurde, findet sich auf 180 m² und zwei Stockwerken eine der schönsten Buchhandlungen Westfalens.

★ Palazzo Roberti, Bassano del Grappa
Via Jacopo da Ponte 34
Im Jahre 1998 wurde in einem Adelspalast aus dem 17. Jahrhundert im Zentrum der norditalienischen Stadt Bassano del Grappa der Buchladen Palazzo Roberti eröffnet. Die Buchhändlerfamilie Manfrotte betreibt hier seither einen der schönsten unabhängigen Buchläden Italiens. Historisches Ambiente und Gartenblick entschä-digen für mäßige Buchfülle und geringe Regalhöhe.

★ Tropismes, Brüssel
Galerie des Princes 11
In der historischen Einkaufsgalerie im Herzen Brüssels gelegener, in einem ehemaligen Ballettsaal (später Restaurant) untergebrachter Buchladen.

Tropismes

Hohe, goldfarbene Decken und Säulen verleihen dem Buchladen ein feierliches Ambiente. Zu Tropismes gehört in der Galerie des Princes ein ganzer Buchladenkomplex. Vom Hauptbuchladen kann man über einen Verbindungs-gang in einen wohnungsartigen mehrstöckigen Buchladen gelangen, der vor allem Kinderbücher anbietet. Nebenan gehört noch ein gediegener Kunstbuchladen zu Tropismes.

★ Barter Bookshop, Alnwick
Alnwick Station
Barter Books im nordenglischen Alnwick ist ein Antiquariat, welches in einem im Jahr 1887 erbauten ehemaligen Bahnhof untergebracht ist. Die original erhaltene Bahnhofsarchitektur gibt dem 1991 eröffneten und mit 2700 m^2 sehr großen Buchladen eine besondere Atmosphäre. Der *New Statesman* bezeichnete Barter als *'The British Library of Second Hand Bookshops'*.

★Waterstones, Birmingham
New Street
Mit mehr als 300 Filialen ist Waterstones nach W H Smith die größte Buchhandelskette der Britischen Inseln. Einige größere Filialen sind in historischen Gebäuden unter-gebracht. Darunter ist der Laden in der New Street in Birmingham, der die denkmalgeschützten Räume der 1869 erbauten Midland Bank nutzt.

★ Rizzoli, New York
31 West 57th Street
Der Buchladen *Rizzoli New York* ist eine New Yorker Institution und für sein Ambiente bekannt. Dazu gehören ein beeindruckendes, zwei Stockwerke einnehmendes Glas-portal, antike Bücherregale und eine altertümliche, atmosphärische Beleuchtung, inklusive Kronleuchter.

1.3 Buchläden mit schöner Inneneinrichtung

★ Friedrich Schaumburg, Stade
Große Schmiedestr. 27

Die Buchhandlung Friedrich Schaumburg wurde 1840 gegründet und findet sich bereits seit 1843 in einem heute denkmalgeschützten Fachwerkhaus in der Innenstadt von Stade. 1971 wurde in einem Hinterhaus ein Antiquariat etabliert und die Gesamtfläche des Verkaufsraumes beträgt heute 180 m^2. Die Einrichtung des Ladens stammt weitgehend aus der Gründungszeit Mitte des 19. Jahrhunderts, ergänzt durch Regalnachbauten im alten Stil sowie einen Tabakladen aus dem Jahr 1852. Zwei achteckige Lichtkuppeln im hinteren Teil des Buchladens tragen zur besonderen Atmosphäre bei.

Im Jahr 2007 wurde Friedrich Schaumburg zur *Niedersächsischen Buchhandlung des Jahres* gewählt.

★ Müller&Böhm Literaturhandlung, Düsseldorf
Bolkerstr. 25

Moderne, gut gestaltete Literatur-Buchhandlung mit ansprechendem, Regaldesign in hellen Farben, welches die Bücher gut zur Geltung kommen lässt.

★ Boettger Bonn
Thomas Mannstr. 41
Aufgeräumter, kulturell engagierter Buchladen mit kultivierter Atmosphäre. Bemerkenswert sind die 4.2 Meter hohen Regale, die bis oben mit Büchern gefüllt sind. Ganz oben, wo wenig Kunden hinkommen, stehen antiquarische Bücher, die zwar wenig Umsatz bringen, aber zur bibliophilen Anmutung beitragen.

★ Antiquariat Burgverlag, Wien
Burgring 1+3
Die Buchhandlung Antiquariat Burgverlag in Wien bietet mit verwinkelten Räumen, einer urigen altertümlichen Registrierkasse, den Holzregalen aus dem 19. Jahrhundert und einem Kronleuchter aus den 1860er Jahren ein passendes Ambiente für die angebotenen antiquarischen Raritäten.

★ Academic Bookshop, Helsinki
Keskuskatu 1
Hinter einer eher banalen Fensterfront eines modernen Geschäftshauses in der Innenstadt Helsinkis verbirgt sich ein 1962 vom berühmten finnischen Architekten Alvar Aalto entworfener Buchladen, der 1969 eröffnet wurde. Die

weißen Farben, der Bodenbelag aus Carrara-Marmor, die Lichtführung durch die Dachfenster und die Anordnung und Verbindung der verschiedenen Verkaufsebenen zeigt die typische Handschrift Aaltos.

★ Richard Booth´s Bookshop, Hay-on-Wye
44 Lion Street
<u>Richard Booth</u>, selbsternannter `King of Hay´ eröffnete diesen Buchladen 1962und trug damit dazu bei, den walisische Grenzort Hay-on-Wye zu einer Welthauptstadt des Second-hand-Buchhandels zu machen. Anfangs ließ er Bücher in Schiffscontainern aus den USA, wo immer mehr Buchhandlungen schlossen, nach Wales bringen.

★ Massolit, Krakau
Felicjanek 4

Massolit ist die führende englischsprachige Buchhandlung Polens. Der Buchladen führt 20.000 Titel und wer den von zwei Amerikanern gegründeten Buchladen einmal betritt, kommt erst nach Stunden wieder heraus, so sehr zieht einen dieser atmosphärische, verwinkelte Buchladen mit seiner altertümlichen Einrichtung und der Anmutung einer gemütlichen Privatwohnung in seinen Bann.

★ 10 corso como, Mailand
Corso Como 10

Im Jahre 1991 eröffnete die ehemalige Direktorin der ital-ienischen Ausgabe von Vogue in Mailand in der Corso Como 10 einen Geschäftskomplex, der einen Designladen, ein Modegeschäft, eine Kunstgalerie, ein Restaurant und einen sehenswerten Kunst- und Design-Buchladen um-fasste. Später kamen in Seoul (*79 Cheongdanm-dong, Gangnam-gu)* wo das Hausdesign von *corso como* am konsequentesten umgesetzt wurde und Tokio weitere sehenswerte *corso como*-Ableger hinzu.

★ Mel Bookstore, Rom
Via Nazionale 254

Unweit der Bahnstation Roma Termini gelegene Buchhandlung mit leider nicht antiken, sondern aus Gips modellierten Säulen. Dennoch stimmiger, eleganter Eindruck mit klarer Raumgliederung und interessanten Sichtbezügen zwischen den Etagen.

★ Munro's Books, Victoria (Kanada)
1108 Government Street

Munro's nennt sich *'Canada's most magnificent bookstore'*. So hatte ihn der Kolumnist Allan Fotheringham einst bezeichnet und sogar dazu gesetzt, dass er möglicherweise sogar der schönste in Nordamerika wäre. Der 1963 gegründete Buchladen zog 1984 an den heutigen Standort - ein 1909 erbautes ehemaliges Gebäude der Royal Bank of Canada. Die Decke des Hauptsaals ahmt den Stil der Decke der von den Römern erbauten Bibliothek von Ephesus nach. Die Wand wird durch große Textilbilder einer kanadischen Künstlerin dekoriert.

Die 7 schönsten Buchläden der Schweiz

Librium, Baden
Bern: **Stauffacher, Zytglogge**
Zürich: **Altstadt Antiquariat Schnellmann, Beer,**
Calligramme, Travel Bookshop

Die 7 schönsten Buchläden Österreichs

Haymon, Innsbruck, **Höllrigl**, Salzburg
Michael Neudorfer, Vöcklabruck
Wien: **Aichinger, Antiquariat Burgverlag,**
Antiquariat Nebehay, Eckart

1.4 Läden mit großer Buchfülle

Eine große Buchfülle verleiht Buchläden eine eigene Ästhetik, die von bibliophilen Kunden geschätzt wird. Vor allem hohe, bis oben dicht gefüllte Regale ergeben eine beeindruckende Atmosphäre. Aus Gründen der Umsatzoptimierung finden sich in Buchkaufhäusern meist nur Regale, die in Greifhöhe enden. Auf Schnellabsatz orientierte Läden setzten zudem auf Frontalpräsentation der Buchtitel. In älteren Buchläden leeren sich tendenziell die obersten Regalreihen, die nur mit Leitern erreichbar sind. Auf Ästhetik bedachte Buchhandlungen füllen diese Reihen jedoch immerhin mit antiquarischen Büchern. Manchmal gibt es auch noch Buchleitern, was solchen Läden ein uriges altertümliches Ambiente bietet. Auch Buchstapel auf Tischen und anderen Flächen können, kombiniert mit dicht gefüllten Regalen zu einer interessanten Buchatmosphäre beitragen. Während Antiquariate noch oft überquellende unaufgeräumte Buchfülle bieten ist solches bei Filialisten und Buchkaufhäusern selten ge-worden. Eine Ausnahme sind das Stammhaus und manche Filialen der Kunstbuchkette Walther König.

✿ ★ Sautter& Lackmann, Hamburg
Admiralitätsstraße 71/72

Eine der schönsten und größten Kunst/Architekturbuchhandlungen Deutschlands mit hohen, bis and die Decken reichenden, dicht mit Büchern bepackten Regalen.

✿ ★★ Walther König, Köln
Ehrenstraße 4

Die Buchhandlung Walther König hat mittlerweile mehr als 30 Standorte im In- und Ausland. Das Geschäft in der Kölner Ehrenstraße war der erste Buchladen der Kunstbuchkette.

Mit den hohen dicht gepackten Bücherwänden ist er einer der schönsten Kunstbuchläden in Deutschland.

☙ ★ Buchladen Lesenswert, Alsfeld
Markt 2
Der Buchladen befindet sich im ältesten erhaltenen Fachwerkhaus Alsfelds, am Alsfelder Marktplatz zwischen einem mittelalterlichen Weinhaus und dem Fachwerkrathaus. Der beeindruckend durch Bücherstapel vollgestopfte Laden wurde viele Jahre von <u>Helmar Bünnecke</u> (*1936) geleitet. 2019 übergab er ihn an seine langjährigen Mitarbeiterinnen. Leider ist er seither auch ein bisschen aufgeräumter.

Lesenswert, Alsfeld

☙ ★ Abbey Bookshop, Paris
29, Rue Parcheminerie
Kanadischer Buchladen im Pariser Quartier Latin. Der kleine Laden ist herrlich vollgestopft mit antiquarischen englischsprachigen Taschenbüchern. Man muss sich fast an der Kasse vorbeiquetschen, um in den hinteren Laden-teil zu gelangen.

⚏ ★ Eckart, Wien
Josefstädter Straße 34

Die auf Belletristik und Reisebücher spezialisierte Buchhandlung mit ihren hohen Decken hat etwa 4 m hohe Regale, deren oberste Reihen mit urigen Holzleitern erreicht werden, was zum besonderen Flair beiträgt.

⚏ ★ Aichinger, Bernhard & Co, Wien
Weihburggasse 16

Buchhandlung und Antiquariat mit wohnlicher Atmosphäre und dicht gefüllten Regalen in einem alten Haus mit Biedermeierfassade in der Wiener Innenstadt.

⚏ ★ John Sandoe, London
10-11 Blacklands Terrace

1957 richtete John Sandoe seinen Buchladen in Räumen ein, in denen zuvor Pudel gekämmt und Bücher nach Gewicht verkauft wurden. 1989 wurde der Laden an die Mitarbeiter verkauft. Heute ist die kleine Buchhandlung auf ihre Unabhängigkeit stolz und darauf, in relativ kleinen Räumlichkeiten 25 000 Bücher unterzubringen. Bücher stehen nicht nur dicht in den Regalen, sie stapeln sich auch auf Treppenstufen und Tischen, was eine dichte Buchatmosphäre ergibt.

☙ ★ Jousseaume, Paris
45-47 Galerie Vivienne, Rue Vivienne

In dieser bereits 1826 gegründeten atmosphärereichen Buchhandlung in der Galerie Vivienne unweit der Pariser Börse waren einst die in der Nähe wohnenden Schriftsteller Alfred Jarry, Jean Cocteau und Colette Stammgäste.

★ Scarthin Books, Cromford
Promenade

Scarthins, zum Bersten mit Büchern vollgestopft, liegt in der von matschigem Boden geprägten Wander-gegend Peak District. Deshalb stehen vor der Tür Plastik-Schuhüberzieher.

★ Antiquariat Hatry, Heidelberg
Hauptstr. 119

Mit 200 000 Büchern auf 4 Etagen wunderbar vollgestopftes, in der Heidelberger Fußgängerzone gelegenes Antiquariat. In einer Leseecke lässt es sich ungestört Schmökern.

1.5 Innovativ gestaltete Läden

Fußböden

★ ★✧Libreria Bocca, Mailand
Galleria Vittorio Emmanuele II, 32

Ein wichtiges Merkmal eines gut gestalteten Buchladens ist ein schöner Fußboden. Parkett- oder Dielenböden sehen in der Regel besser aus als Laminat oder Linoleum, was wiederum besser ist als ein grauer, abgelaufener Kunst-faser-Teppichboden. Natursteinplatten oder Steinmosaike sehen besser aus als einfarbige Badezimmerfließen, ein abwechslungsreicher Bodenbelag besser als ein einheit-licher. Den schönsten aller Böden hat jedoch die seit 1775 bestehende Libreria Bocca in der Galleria Vittorio Emanuele in Mailand. Im Boden sind in Kassetten unter Glas zeitgenössische Kunstwerke eingelassen.

Minimalismus, Lichteffekte

★ Haymon, Innsbruck
Sparkassenplatz 4

Die im Jahr 2000 als Wiederin eröffnete, später in Haymon umbenannte Literaturbuchhandlung sorgte als *‚schwarzer Raum für Bücher'* in Innsbruck für Aufsehen. Boden und Bücherregale sind schwarz gehalten, die Decke verspiegelt. So entsteht ein spezielles Ambiente, in welcher die bunten Bücher zu den wenigen Elementen zählen, die die Innenarchitektur des Raumes schaffen.

★ Mendo, Amsterdam
Berenstraat 11

Architekturbuchladen in Amsterdam, der durch sein avant-gardistisches minimalistisches, in schwarz gehaltenes

Design besticht, das Bücher besonders zur Geltung kommen lässt. Auch der Online-Auftritt ist durchdesignt.

Regaldesign

★Proust, Essen
Akazienallee/Am Handelshof 1

Die im Oktober 2005 in der Innenstadt Essens eröffnete Buchhandlung weist als besonderes Designelement ein Bücherregal auf, in welchem die Bücher nicht hochkant stehen, sondern quer liegen. *Proust Wörter und Töne* will alle Sinne des Publikums ansprechen und bietet deshalb neben Lesestoff etwas zu hören (Musik), etwas zu fühlen (Accessoires rund ums Buch), etwas zu schmecken (in einem Café-Bereich) und etwas zu reden (Autorenlesungen). Sie stellt dem manche Kunden überfordernden Angebot in Internet und von Großfilialisten eine bewusste Buchauswahl und Beratung entgegen.

★ Shibuya Bookstore, Tokio
17-3 Kamiyamacho (Shibuya)

Im 2008 eröffneten 240 m² großen Shibuya Bookstore in Tokio spiegeln die verschiedenen Regalformen, alle in weiß gehalten, die Designgeschichte von Regalen wider, vom klassischen Vitrinenschränkchen bis zum *Memphis Regal* von Ettore Sottsass.

Fassadengestaltung

★ Ptyx, Brüssel
Rue Lebroussart 39

Im September 2012 öffnete im Brüsseler Stadtteil Ixelles die Literaturbuchhandlung Ptyx. Die weiße Fassade des Buchladens ist mit Portraits und Lexikoneintragungen wichtiger Schriftsteller geschmückt, darunter Virginia Woolf, Marcel

Proust, James Joyce und Luis Borges. Auch die Decken des mit schwarzen Wänden eher minimalistisch gestalteten Ladens sind mit Portraits und Lexikonauszügen geschmückt. Eine einfache, aber wirkungsvolle Idee.

Ptyx (Brüssel)

Ocelot, Berlin
Brunnenstraße 181
An Ocelot fällt nachts die sich über die gesamte Fassadenbreite ziehende Leuchtschrift *Ocelot, not just another bookstore* auf. Innen zeichnet sich die Buchhandlung durch ansprechend moderne Gestaltung aus. Viel Platz, eine kuratierte Auswahl von Büchern, Musik und ein Café sollen Wohlfühlatmosphäre erzeugen und den Laden zu einem `zweiten Wohnzimmer´ machen.

Wortwahl, München
Reichenbachstr. 15
Der 2003 im Münchner Gärtnerplatzviertel gegründete Buchladen Wortwahl führt nur Bücher, von denen das Team überzeugt ist, erfasst keine Kundendaten und präsentiert die meisten der schön gestalteten Bücher auf Tischen und im Regal coverseitig, so dass eine ganz besondere Atmosphäre entsteht.

★ Ler Devagar, Lissabon
Rua Rodrigues Faria 103

Im Ler Devagar (entspanntes Lesen) teilen sich die Bücher den Raum mit den (relativ modernen) Maschinen einer ehemaligen Druckerei mit sehr hohen Decken und Regalen.

Motto, Berlin
Skalitzerstr. 68

Magazin und Designbuchladen der im Dezember 2008 in einer ehemaligen Bilderrahmenfabrik in Berlin-Kreuzberg eingerichtet wurde. Das erhaltene Regalmobiliar verleiht dem Laden ein interessantes Ambiente. Seit 2009 veranstaltet Motto jeden September eine Messe 'Unter dem Motto' zu selbst gestalteten Büchern.

★ Walther König Zeche Zollverein, Essen
Gelsenkirchener Str. 181, Besucherzentrum

Die Walther König-Filiale im Besucherzentrum der Zeche Zollverein ist in einer ehemaligen Kohlenwäsche untergebracht. Der raue Charme der Industriekultur macht diese Filiale zu etwas Besonderem.

2. Große Buchläden

Welches ist eigentlich der größte Buchladen der Welt? Die Frage ist gar nicht so leicht zu beantworten, denn es kommt darauf an, wie man es misst: im englischsprachigen Raum wird oft nach Regalkilometern (bzw. miles) gemessen, im deutschsprachigen Raum eher nach Quadratmetern. Manche Buchläden nutzen wiederum die Zahl der angebotenen Bücher, um für sich den Titel ‚*größte Buchhandlung der Welt*' zu reklamieren. Heute bieten immer mehr Buchläden zusätzlich zu Büchern andere buchnahe Waren an wie Geschenke, Spiele, CDs und DVDs, Schreibmaterial und Zeitschriften. Außerdem tendieren Buchkaufhäuser und Buchketten zu niedrigeren Regalhöhen. Die Quadratmeterzahl mag deshalb weniger über die Zahl der angebotenen Bücher aussagen, als die Länge der Regalkilometer. Da international Daten zur Größe in Quadratmetern am besten verfügbar sind, sollen diese im Folgenden genutzt werden, sehr große Buchhandlungen aufzulisten. Buchhandlungen mit einer Verkaufsfläche von über 6000 Quadratmetern:

Beijing Book Building	Peking (Xidan)	$16\,000\;\text{m}^2$
Kyobo Book Centre	Seoul (Gangnam)	$11.900\;\text{m}^2$
Eslite	Taipeh (Xinyi)	$9.900\quad\text{m}^2$
Dussmann	Berlin	$7000\quad\text{m}^2$
Powells	Portland (Oregon)	$6300\quad\text{m}^2$

Die größten Buchläden der Welt finden sich danach weder in Europa noch in Nordamerika, sondern überraschenderweise im bildungshungrigen Ostasien.

Mittlerweile geht der Trend wieder zu kleineren Buchläden, da der Buchumsatz zurückgeht und große Buchläden nicht mehr genug Umsatz pro Fläche erwirtschaften können. Etliche der großen Filialisten sind seit 2014 geschlossen oder verkleinert worden.

2.1 Flagship stores großer Filialisten

Mayersche Buchhandlung, Aachen

Buchkremerstr.1-7

Die Mayersche Buchhandlung in der Buchkremerstraße in Aachen ist mit 4900 m^2 Deutschlands eine der größten deutschen Buchhandlungen.

Die Mayersche Buchhandlung wurde 1817 von Jakob Anton Mayer (ein Portrait des Gründers findet sich an Rolltreppenauffahrten größerer Filialen) in Aachen gegründet und ist bis heute ein Familienunternehmen. Seit 1950 ist sie im Besitz der Familie Falter. Die Mayersche ist heute nach Thalia und DBH mit 47 Filialen die drittgrößte Buchhandelskette und in Nordrhein-Westfalen mit 45 Filialen der lokale Platzhirsch.

Seit der Übernahme der Buchhandlung Interbook in Trier (1800 m^2) im April 2008 ist die Mayersche auch außerhalb NRWs vertreten. Im Jahre 2002 zog die Mayersche Buchhandlung in Aachen von einem Standort, der heute ein Spielwarengeschäft beherbergt, wenige Meter in ein 5.500 qm und damit mehr als doppelt so großes Buchkaufhaus um. Im Erdgeschoß des neuen Gebäudes, seitlich der Räume der Mayerschen, gab es seit 2002 ein Kommen und Gehen von verschiedenen Geschäften, darunter Manufac-tum und verschiedene Textil- und Elektronikläden. Schließlich beschloss die Mayersche, die schlecht gehenden Ladenflächen ab 2009 selbst zu nutzen. Dadurch wuchs die Buchhandlung auf etwa 7000 m^2 (darunter ein höherer Anteil von Non-Books als zuvor) und war damit zur flächenmäßig zweitgrößten in Deutschland geworden. Im Jahr 2014 wurde das Erdgeschoss an einen Drogeriemarkt vermietet und man verkleinerte sich wieder auf 4900 m^2.

★ Mayersche Droste, Düsseldorf

Königsallee 18

Die schönste Filiale der Mayerschen verfügt über ein Café, eine rote Rutsche in die Kinderbuchabteilung im Untergeschoß und in den oberen Geschossen über interessante Ausblicke auf die Königsallee.

Kinderrutsche in der Mayerschen Droste

🏛 Hugendubel, München
Am Marienplatz

Heinrich Hugendubel eröffnete bereits im Jahre 1869 im bayerischen Eichstätt die erste Buchhandlung, die aber wegen Schwierigkeiten mit dem dortigen Bischof schon bald wieder geschlossen wurde. 1964 begann der Aufbau eines Filialnetzes in München. Örtliche Berühmtheit erlangte Hugendubel 1979 mit dem innovativen Design einer mehrstöckigen Filiale direkt am Marienplatz. Hier gab es runde, gemütliche Lesenischen in 1970er Jahre quietschgrün, in die sich Besucher zum Schmökern zurückziehen konnten, während Kunden gleichzeitig frei durch den Laden flanieren konnten. Im Jahre 2017 wurde die Filiale nach einem Umbau auf 1200 m^2 verkleinert. Der älteste Laden, das ungünstig gelegene Stammhaus am Münchner Salvatorplatz, wurde Mitte 2012 geschlossen.

☞ 2006 gab Hugendubel die Gründung der DBH Buchhandels GmbH und Co KG bekannt, unter deren Holdingdach die Buchhandelsunternehmen Hugendubel, Habel, Weiland, Weltbild und die Wohlthatsche vereinigt sind. Nach der Fusion von Hugendubel und Weltbild war DBH zeitweise die größte Buchhandelsgruppe Deutschlands, wurde aber später von der anfangs rasch expandierenden Thalia-Kette überholt.

Thalia, Hamburg
Europapassage, Ballindamm 40

Als Flagship Store des Thalia-Buchhandelskonzerns kann die Filiale in der Europapassage in Hamburg gelten. Ein Schaubild an der Rolltreppe zeigt die Entwicklung von Thalia von einem kleinen, 1919 gegründeten Eckladen im Gebäude des Thalia-Theaters in Hamburg zur nach Umsatz, nach Akquisitionen in Österreich und der Schweiz, führenden Buchhandelskette im deutschsprachigen Raum.

☞ Der Buchladen in der Europapassage ist jedoch nicht die nach m^2 größte Thalia-Filiale. Diese findet sich mit 4000 m^2 in Nürnberg (ehemals Buchhaus Campe).

Hugendubel, Hannover (ex Schmorl & von Seefeld)
Bahnhofstr. 14
Die Großbuchhandlung in der Bahnhofstraße von Hannover (2400 m^2) wurde 2006 umgebaut. Trotz der Zugehörigkeit zur DBH Gruppe (Hugendubel) konnte sie lange ihr eigenständiges, ansprechendes Design bewahren. Mittlerweile ist die Filiale größer als das Stammhaus in München.

Lehmanns Media, Leipzig
Grimmaische Str. 10
Die Berliner Fachhandelskette Lehmanns hatte Anfang der 1980er Jahre 4 Filialen, heute sind es 25. Nach dem Scheitern der Sortimentsbuchhandlung in der Hardenbergstraße in Berlin (ehemalige Buchhandlung Kiepert, einst Deutschlands größter Buchladen) besinnt sich Lehmanns heute wieder auf Fachbuchhandlungen. Ausnahme ist die große Sortimentsbuchhandlung in der Leipziger Innenstadt.

★ Stauffacher, Bern
Neuengasse 25-37
Im Jahr 2000 wurde die Buchhandelskette Stauffacher von Thalia übernommen. Das geschmackvolle Design, mit Parkettböden, edlen Holzregalen und verwinkelten Räumen blieb jedoch unverändert. Stauffacher/Bern ist weiterhin einer der schönsten Buchläden der Schweiz.

Orell&Füssli, Zürich
Kramhof, Füsslistrasse 4
Orell&Füssli ist eines der ältesten im Buchhandel tätigen Unternehmen der Schweiz. Das Unternehmen geht auf eine Druckerei, die der bayerische Immigrant Froschauer 1519 in

Zürich gründete, zurück. 1909 stellte man für die Schweizerische Nationalbank sogar Banknoten her. Der Buchhandelsteil des Unternehmens geht auf das 16. Jahrhundert zurück. 1992 übernahm der Münchner Buchhändler Hugendubel eine Minderheitsbeteiligung (49%). 1992 zog die Orell&Füssli-Buchhandlung von der Pelikanstraße in den historischen Kramhof um, der passenderweise an der Füsslistrasse liegt und eröffnete dort mit 2000 m^2 die heute größte Buchhandlung der Schweiz.

Morawa, Wien
Wollzeile 11

Morawa ist eine der größeren österreichischen Buchhandelsketten zu der zwischen Innsbruck und Wien 15 Buchläden und zusätzlich Bahnhofsbuchhandlungen gehören. Das Stammhaus findet sich in der Buchladenstraße Wollzeile in der Wiener Innenstadt (1877 gegründet) und bietet in verwinkelten Räumen auf über 1000 m^2 eine große Buchvielfalt an.

Pustet, Augsburg
Karolinenstr. 12

1988 wurde im historischen Bader-Haus der Altstadt die damals mit 2000 m^2 größte Augsburger Buchhandlung eröffnet. Mit altertümlichen Säulen und gewölbten Decken ist die historische Atmosphäre weiter zu spüren. Dass der Ladenboden gefliest ist, passt ebenfalls zum historischen Erbe. Denn das Bader-Haus beherbergte im Mittelalter eine der ältesten Brauereien Augsburgs. Noch heute ist in den Grundbüchern ein auf das Bader-Haus bezogenes Recht eingetragen, Bier brauen zu dürfen. Dies bezog sich auf eine einst dort ansässige Lokalität namens ‚König von Flandern' und 1988 zog mit dem Buchhaus auch eine Gasthaus-Brauerei in die Kelleretage des Gebäudes ein.

2.2 Filialisten weltweit

★ Fnac des Ternes, Paris
Avenue des Ternes 26-30

Die französische Handelskette Fnac (féderation nationale d'achats) wurde 1954 von den militanten Marxisten André Essel und Max Théret, einem ehemaligen Leibwächter Trotzkis, gegründet. Fnac ist auf den Verkauf von Unterhaltungsprodukten, einschließlich Bücher spezialisiert. Während Fnac in Frankreich, Belgien, südeuropäischen Ländern und Brasilien eine führende Rolle einnimmt, scheiterten bisher Versuche, im deutschsprachigen Raum Fuß zu fassen. Ein 1991 in der Berliner Meinekestraße eröffneter Laden wurde bereits 1995 wieder geschlossen. Ein im April 2008 am Basler Barfüsserplatz eröffneter Laden von 3200 m^2 mit sieben Etagen wurde Ende März bereits wieder dichtgemacht. In Frankreich ist Fnac jedoch erfolgreicher. Zu den schönsten Filialen gehört dort der Laden in der Avenue des Ternes in Paris. Diese Fnac-Filiale wurde 1991 in einem 1912 erbauten Jugendstil-Gebäude der ehemaligen Kaufhauskette Magasins Réunis eingerichtet

★ Eslite, Taipeh
Xinyi Store

Eslite Bookstore ist eine der größten Buchhandelsketten Taiwans. Im Jahr 2004 listete das amerikanische Nachrichtenmagazin Time die Filiale im Dunhua-Viertel von Taipeh mit ihrem ansprechenden Design, ihrer Musik und den 24-Stunden-Öffnungszeiten zu den kulturellen Sehenswürdigkeiten Ostasiens. Im Dezember 2006 wurde eine Filiale im Xinyi-Viertel, unweit des über 500 Meter hohen Wolkenkratzers *Taipeh 101* eröffnet. Diese Filiale ist 24.750 m^2 groß, der Buchbereich umfasst 9.900 m^2 und führt mehr als 1 Million Bücher, darunter 300.000 verschiedene Titel. Damit ist die Filiale einer der größten Buchläden der Welt.

★ El Ateneo, Buenos Aires
Florida 340

Die argentinische Buchhandelskette El Ateneo ist für ihre in einem ehemaligen Theater eingerichtete Filiale Grand Splendid, die zu den schönsten Buchläden der Welt gerechnet wird, bekannt. Weniger spektakulär, aber mit Säulen und Mosaiksteinboden ebenfalls mit edler Anmutung und noch fast besserem Buchangebot ausgestattet, ist die 2100 m² große Filiale in der Fußgängerzone Florida. Eine Tafel zeigt, dass die Buchhandlung im Jahr 2000 dem argentinischen Nationaldichter Jorge Luis Borge gewidmet wurde.

★ Waterstone's, London
203-2006 Piccadilly

Waterstone's ist eine britische Buchladenkette mit etwa 300 Filialen. Flagship Store ist seit 1999 die 5-stöckige Filiale am Londoner Piccadilly (ehemals Herrenausstatter Simpson's). 1935-36 erbaut, war das Gebäude das erste in Großbritannien mit durchgehender gebogener Glasfassade. Waterstone's ist heute dafür bekannt, historische Gebäude architektonisch einfühlsam umzunutzen und damit auch besonders schöne Buchläden zu schaffen.

Besonders schöne Waterstone's Filialen

★ **Bradford, Wool Exchange**
Reading, Broad Street
★ **Birmingham, New Street (ehemals Bankgebäude)**
Glasgow, La Scala Cinema
Swansea, Carlton Cinema

🏛 ★ Feltrinelli, Rom
Galleria Alberto Sordi 33, Piazza Colonna

Diese italienische Buchhandelskette wurde von Giangiacomo Feltrinelli (1926-1972) gegründet. Feltrinelli wuchs in einer der reichsten italienischen Familien auf und gründete 1954 in Mailand den Feltrinelli-Verlag. Überraschend ist die revolutionäre Einstellung Feltrinellis. Er trug nicht nur zur Verbreitung eines Photos des toten Che Guevara bei, welches diesen zur Ikone machte, sondern finanzierte auch einen Vietnam-Kongress in Berlin im Jahr 1968. Im März 1972 kam Feltrinelli unter mysteriösen Umständen ums Leben. Passend zu seinem Revolutionärsimage explodierten zehn Stangen Dynamit, die er am Körper trug, angeblich um einen Hochspannungsmasten bei Mailand zu sprengen. Nach seinem Tod führte Inge Feltrinelli (geborene Schoenthal), eine deutsche Photographin, den Verlag weiter.

Die schönste Buchhandlung der Feltrinelli-Kette findet sich in der 1914 erbauten Galleria Alberto Sordi in Rom. 2003 wurde die Galerie renoviert. Die Buchhandlung weist ein säulengeziertes neoklassisches Ambiente auf.

Librerias Bertrand, Barcelona
Rambla de Catalunya 37

Die Livreria Bertrand ist die älteste Buchhandlung Lissabons und Portugals und der gleichnamige Filialist ist heute mit 52 Filialen Marktführer des Landes. Seit einigen Jahren expandiert Bertrand, zur Bertelsmann DirectGroup gehörend, unter dem Namen Librerias Bertrand auch in Spanien. Im März 2009 wurde in Barcelona in den Räumlichkeiten des 1922 erbauten Alcazar-Kinos eine 1500 m^2 große Filiale eröffnet.

★ Kyobo Book Centre, Seoul
1, Jong-Jo 1 Street

In unterirdischen Etagen des 22-stöckigen Kyobo Hochhauses der gleichnamigen koreanischen Firma befindet sich Koreas bekanntester Buchladen. Es ist eine Filiale des in 7 koreanischen Städten vertretenen Kyobo Book Centre. Mit 9000 m^2 und 2,3 Millionen vorrätiger Bücher einer der größten Buchläden der Welt, dessen verspiegelte Decken ihn endlos scheinen lassen. Im Mai 2003 wurde im Seouler Stadtteil Gangnam eine mit 11.900 m^2 noch größere Filiale, der nach der Beijing Book City in Peking (16 000 m^2) größte Buchladen weltweit, eröffnet.

★ Barnes & Noble, New York
105 5th Avenue

Barnes&Noble (Hauptsitz: New York) ist mit 777 Läden die größte Buchhandelskette der USA. Der Flagship-Laden an der Fifth Avenue trägt die Aufschrift *'largest bookstore in the world'*. Eine Quadratmeterzahl wird jedoch nicht angegeben. Doch da die größten Buchläden von Barnes &Noble nicht größer als 60.000 Quadratfuß sind (5500 m^2), dürften die flächengrößten Buchläden der Welt nicht zu dieser Kette gehören.

Schöne Filialen größerer Ketten, siehe auch
★ ★ **Polare Dominicanen, Maastricht**
★ **Alexandra, Andrassy Utca 39, Budapest**
★ **El Ateneo Gran Splendid, Buenos Aires**

2.3 Unabhängige Läden und kleinere Ketten

Dussmann Kulturkaufhaus, Berlin
Friedrichstr. 90

Das Kulturkaufhaus des Berliner Dienstleistungsunternehmens Dussmann ist einer der größten Buchläden Deutschlands. Ein Grund für den Einstieg Dussmanns in den Einzelhandel war, dass man Schwierigkeiten hatte, einen Mieter für ein Objekt an der Friedrichstraße zu finden. So wurde Dussmann in dem für das Unternehmen neuen Geschäftsfeld selber tätig. 1997 wurde das Kulturkaufhaus eröffnet. Es zeichnete sich von Anfang an durch großzügige Öffnungszeiten aus (heute 10-24), was in den ersten Jahren nur durch Ausnahmegenehmigungen des Senats möglich war. Im Laufe der Jahre wurde die Medienhandlung mit Schwerpunkt Buch auf über 7000 m^2 vergrößert und zählt heute zu den größten Buchhandlungen Deutschlands. Inge Feltrinelli, Italiens bekannteste Verlegerin, bezeichnete Dussmann 2007 als *‚schönsten Buchladen der Welt'*.

🏛 Dom Knigi, Petersburg
Nevskii Prospekt 62

Dom Knigi (‚Haus des Buches') befindet sich in einem Gebäude, welches der amerikanische Nähmaschinenproduzent Singer in den Jahren 1902-904 im damaligen zaristischen St. Petersburg bauen ließ. Das damalige Singer-Logo, eine Weltkugel, krönt noch heute das Dach des Hauses. Zeitweise war im Gebäude auch das US-Konsulat untergebracht. Nach der Russischen Revolution waren US-Konzerne nicht mehr wohlgelitten und aus der Firmenrepräsentanz wurde der erste neue Buchladen der Sowjetunion – und einer der größten des Landes.

☞ Auch in Moskau gibt es heute einen ‚Dom Knigi' (Buchhaus) der sich jedoch in einem brutalistischen und daher weit weniger stilvollen Gebäude am Arbat befindet.

🏛 ☙ Foyles, London
113-119 Charing Cross Road

Foyles sieht sich als ‚größter Buchladen Europas', nicht was die Fläche, sondern die Anzahl vorrätiger Bücher betrifft, es sind 200.000. Mit 50 Regalkilometern führte auch das Guinness Book of Records Foyles als größten Buchladen der Welt. Auf jeden Fall ist Foyles einer der größten unabhängigen Buchläden Europas. Immer noch im Besitz der Familie Foyles, nahm man das Prinzip, keine Kette zu sein, so ernst, dass die erste Filiale erst 2005 eröffnet wurde. 1903 gegründet, findet sich der heutige Flagship Store und lange einzige Foyles-Buchladen seit 1906 an der Buchmeile Charing Cross Road. Die Foyles-Webseite sieht seine Entwicklung so: *'we quickly became the most celebrated bookshop in the world'.* So berühmt, dass er sich das ‚Foyles Experience', anachronistische Geschäftspraktiken wie mehrfaches Schlange stehen, um ein Buch zu erwerben, das Verlorensein von Kunden, im chaotischen, bis an die Decke mit Büchern gefüllten Laden, die gewünschte Werke, weil nach Verlag geordnet, kaum fanden, leisten konnte. Foyles wurde damals zitiert mit *'imagine Kafka had gone into book trade'.* Als die charismatische Eigentümerin Christina Foyles 1999 starb und die Konkurrenz durch andere Buchketten immer stärker wurde, wurde der Laden übersichtlicher gestaltet und kundenfreundlicher, das besondere ‚Foyles-Erlebnis' ging dadurch jedoch etwas verloren.

☙ Strand, New York
828 Broadway

Der New Yorker Buchladen wirbt damit, 18 Meilen Bücher zu haben, das wären 29 Regalkilometer. Die Verkaufsfläche wird mit 55.000 square feet angegeben, das sind gut 5000 m². Heute ist der 1927 als kleiner Laden gegründete Stand Bookstore, der einzige Buchladen, der von einst 48 Buchläden in der New Yorker Book Row an der 4th Avenue übriggeblieben ist. Viele dieser Buchläden waren jedoch nicht kundenfreundlich genug und gaben Kunden das Gefühl, im Laden nicht willkommen zu sein. Der Humorist Leibowitz meinte dazu *'they acted more as if you had broken into their house and were stealing their books'*. So wurden sie schließlich von großen Ketten, wie dem in New York dominierenden Barnes&Noble verdrängt.

Strand hatte jedoch das richtige Rezept und überlebte. Als er in den 1970ern mit 8 Regalmeilen noch kleiner war, meinte der Journalist und Pulitzer-Preisträger George F. Wil *'the eight miles worth saving in the city are at the corner of Broadway and 12th Street. They are the crammed shelves of the Strand bookstore'*.

☙ Powells, Portland
1005, W. Buchanan Street

Im Jahr 1970 eröffnete der Uni-Student Michael Powell, ermutigt durch Kommilitonen, Professoren und den Schriftsteller Saul Bellow, in Chicago einen ersten Buchladen. Er hatte dafür 3000 $ Dollar geliehen, doch das Geschäft lief so gut, dass er den Kredit schon nach zwei Monaten zurückzahlen konnte. Eines Sommers half Walter Powell, Michaels Vater, ein Malermeister, der bereits im Ruhestand war, im Laden aus. Walter Powell fand so viel Spaß daran, dass er im heimischen Portland (Oregon) einen eigenen Buchladen eröffnete. Er handelte mit gebrauchten Büchern und bald kaufte er so viele auf, dass er auf das Gelände eines Gebrauchtwarenhändlers ziehen musste. Michael zog 1979 nach Portland, um nun seinem Vater im Buchladen zu helfen. Ihr Konzept war damals neu: neue und gebrauchte Bücher, gebundene und Paperbacks - alles wurde in denselben Regalen verkauft in einem Laden, der zudem 365 Tage im Jahr geöffnet hatte. Bereits 1994, ganz zu Beginn des Internetzeitalters also, eröffnete Powell eine Online-Präsenz, die von Anfang an Erfolg hatte. Bereits 2

Jahre später gab es Online-Zugriff auf den gesamten Buchbestand des Ladens.

★ Libreria Rosario Castellanas, Mexiko Stadt
Tamaulipas 202

In einem ehemaligen Kino, das in den 1940er Jahren erbaut wurde und heute als Kulturzentrum *Centro Cultural Bella Epoca* genutzt wird, untergebracht, ist die Buchhandlung mit einem Bestand von 250.000 Büchern die mit dem breitesten Buchangebot Mexikos und eine der größten Lateinamerikas.

Livraria Cultura, São Paulo
Avenida Paulista 2073

Mit 4300 m^2 auf 3 Etagen ist der Laden an der Avenida Paulista, der 1969 in einem ehemaligen Kino eines Einkaufszentrums eröffnet wurde und im Jahr 2007 wenige Meter an den heutigen Standort umzog, Brasiliens größte Buchhandlung. Ein Dinosaurier möchte man nicht sein, obwohl das Holzskelett eines solchen (oder ist es ein Drache?) von der Decke schwebt. Livraria Cultura hat 10 Filialen in Brasilien, davon 5 in São Paulo.

★Reuffel, Koblenz
Obere Löhrstr. 92

Mit seinem Lamellenparkettboden, relativ hohen Regalen und verschachtelten Räumen ist das Stammhaus von Reuffel in der Oberen Löhrstraße in der Nähe des Koblenzer Hauptbahnhofs eines der schönsten Buchkaufhäuser Deutschlands. Sogar eine Zettel'z-Lampe leuchtet hier als Einrichtungselement, sonst eher ein Merkmal von Literaturbuchhandlungen.

3. Alte und erste Buchläden und Antiquariate

3.1 Besonders alte Buchläden

Erstaunlich wenig Informationen gibt es zu den ältesten Buchläden einzelner Länder. Dabei ist bereits die Definition des ‚ältesten Buchladens' schwierig. Soll man von der Gründung des Unternehmens ausgehen oder von der ersten Nutzung heutiger Räumlichkeiten. Da es nur wenige international vergleichbare Informationen zur Gründung von Buchläden gibt, kursieren in englischsprachigen Ländern unwidersprochene Namen ältester Buchläden. Beispielsweise wirbt der Moravian Bookshop in Bethlehem (Pennsylvania), der 1751 gegründet wurde, damit, ältester Buchladen der Welt zu sein. Das Guinness Buch der Rekorde sieht dagegen die Livreria Bertrand in Lissabon in dieser Position (1732 gegründet, seit 1773 im gleichen Gebäude). Dabei hat Deutschland wesentlich ältere Buchhandlungen, wie etwa Korn&Berg in Nürnberg, die allerdings ihre Lokalitäten im Laufe der Zeit gewechselt haben.

🏛 ★ Korn und Berg, Nürnberg
Hauptmarkt 6

Die am Hauptmarkt in Nürnberg gelegene unabhängige Universitätsbuchhandlung Korn&Berg wurde bereits 1531 gegründet und ist damit Deutschlands älteste noch heute existierende Buchhandlung (allerdings erst seit 1952 am heutigen Standort). Wahrscheinlich ist sie als Unternehmen sogar die älteste Buchhandlung der Welt (in Europa wurde der Buchdruck um 1450 erfunden). Die Ladendecke zieren Reproduktionen von Dürer-Gemälden.

🏛 Eduard Höllrigl, Salzburg
Sigmund-Haffner-Gasse 10

Die Salzburger Buchhandlung Eduard Höllrigl wurde 1598 gegründet und ist heute Österreichs älteste Buchhandlung. Unabhängig ist die Buchhandlung jedoch nicht mehr, sie gehört heute zur kleineren österreichischen Wilhelm Frick-Buchhandelskette, die einst k.u.k.-Hoflieferant war.

★ Lentner, München
Marienplatz 8 (Rathaus-Weinstraße)

Die Buchhandlung Lentner am Marienplatz in München wurde bereits 1698 gegründet. Allerdings findet sie sich erst seit 1945 in den Räumlichkeiten am Rathaus, der vorige Standort wurde im Krieg zerstört. Die heute noch bestehende Ladeneinrichtung wurde aus Abbruchholz und Balken der stark beschädigten Frauenkirche gefertigt.

Lentner, München

Schulthess, Zürich
Zwingliplatz 2

Das Familienunternehmen Schulthess existiert seit 1791. Seit mehr als 200 Jahren wird juristische Literatur publiziert. Die Buchhandlung am Zwingliplatz ist die älteste Zürichs, die noch immer in Betrieb ist.

☞ Als ältester Verlag und Buchhändler der Schweiz gilt eigentlich Orell&Füssli, doch die Buchladenstandorte dieses Unternehmens wechselten im Laufe der Zeit.

🏛 Moravian Bookshop, Bethlehem, PA (USA)

428 Main Street

Der 1745 gegründete Moravian Bookshop in Bethlehem im US-Bundesstaat Pennsylvania wirbt damit, der älteste Buchladen der Welt zu sein. Doch in Wirklichkeit ist er nur der älteste Buchladen Nordamerikas. Die Fehlannahme geht auf eine Meldung von *USA Today* im April 2000 zurück, dass John Smith & Son, der 1751 gegründete und damit älteste ohne Unterbrechung operierende Buchhändler der Welt, schließen würde. Da der Moravian Bookshop bereits 6 Jahre vor John Smith & Son gegründet wurde (was übrigens zeigte, dass die Aussage von USA Today falsch war), folgerte man, dass man also der älteste Buchladen der Welt sei. Immerhin befindet sich das Ladengeschäft von Moravian seit 1871 am selben Ort an der historischen Hauptstraße Bethlehems (in Pennsylvania).

Sotheran's, London

2-5 Sackville Street

Die Buchhandlung Henry Sotheran wurde 1761 im englischen York gegründet und eröffnete im Jahre 1815 in London ein Ladengeschäft. Sotheran's wirbt auf seiner Homepage damit, das älteste Antiquariat der Welt zu sein.

★ Librairie Clavreuil- F. Teissèdre, Paris

37, rue Saint-André-des-Arts

Die 1878 gegründete Buchhandlung, heute ein Antiquariat, das sich auf Bücher zur Geschichte spezialisiert hat und vor allem Wissenschaftler und Bibliotheken bedient, ist sicher nicht die älteste von Paris. Sie war aber die erste, die im 19. Jahrhundert einen Buchkatalog herausgegeben hat. Darin waren 150 000 Bücher aufgelistet und es dauerte 40 Jahre, diesen Katalog zu erarbeiten.

▥ ★ Livraria Bertrand, Lissabon
Rua Garett 73/75

Seit April 2010 führt das Guinness Buch der Rekorde die Livraria Bertrand in Lissabon als älteste durchgehend betriebene Buchhandlung der Welt. Andere Buchläden mögen älter sein, fanden sich aber oft streng genommen an wechselnden Standorten oder in wechselnden Gebäuden. Das traf auch für die 1732 eröffnete, aber im großen Erdbeben von 1755 zerstörte Livraria Bertrand zu. Doch seit 1773 sitzt die Buchhandlung am selben Standort in der Innenstadt Lissabons.

Livraria Bertrand ist heute zugleich eine portugiesische Buch-Handelskette, die im ganzen Land und auch in Spanien vertreten ist.

Bertrand, Lissabon

3.2 Erste Buchhandlungen ihrer Art

🏛 ★ Galignani, Paris
Rue de Rivoli 224

Die Familie Galignani gehörte zu den ersten, die in Italien den neu erfundenen Buchdruck nutzten. Bereits im Jahre 1520 publizierte Simone Galignani in Venedig eine mit der neuen Technik produzierte lateinische Grammatik. Als es mit Venedig wirtschaftlich immer mehr bergab geht, verlässt Giovanni Antonio Galignani die Stadt, um sich in London anzusiedeln. Von dort zieht er später nach Paris um, um dort hauptsächlich mit englischsprachigen Büchern zu handeln. Die im Jahre 1801 von Galignani in Paris eröffnete Buchhandlung war die erste englischsprachige des Kontinents und ist heute einer der ältesten noch bestehenden Buchläden von Paris.

🏛 Ulysse, Paris
26, rue St. Louis en Ile

Photo: www.ulysse.fr

Ulysse wurde 1971 von <u>Catherine Domain</u> auf der innerstädtischen Pariser Seine-Insel Saint Louis als erster Reisebuchladen weltweit gegründet. Nach fast vier Jahrzehnten verkauft Frau Domain dort noch heute Reisebücher. Im Pariser Laden stapeln sich auf engem Raum von nur 16 m^2 etwa 20.000 neue und antiquarische Bücher. Jeden ersten Mittwoch gibt es abends vor dem Laden ein Treffen von Freunden des Buchladens und des Reisens. Dabei bringt jeder ein Getränk mit. In den Monaten Juni-September gibt es seit 2005 im baskischen Hendaye, wo die Inhaberin ihren Sommerurlaub verbringt, einen saisonalen Ableger.

Middle Earth, Frankfurt
Landgrafenstr. 13
1972 wurde in Frankfurt-Bockenheim mit *Middle Earth* Deutschlands erste esoterische Buchhandlung eröffnet.
☞ Größte esoterische Buchhandlung ist heute jedoch mit 600 m^2 Schirner in Darmstadt.

Schirner, Darmstadt

🏛 Roman-Boutique, Berlin
Martin Luther Str. 95

Am 5. Dezember 1970 wurde in Berlin von <u>Peter Skodzik</u> die *Roman-Boutiqe*, Deutschlands erster Comicbuchladen eröffnet. Skodzik sitzt noch heute hinter dem Ladentisch an der Martin-Luther Straße in Schöneberg, aber das Geschäft ist in den letzten Jahren zurückgegangen und der einer Auffrischung bedürftige Laden verkleinert worden.

🏛 Lillemors, München
Barerstr. 70

Am 3. November 1975 eröffnete mit Lillemors in der Barerstraße in München-Schwabing Deutschlands erster

Lillemors, München-Schwabing

Frauenbuchladen. 1987 wurde die Arbeit des Buchladens mit dem Münchner Förderpreis für Frauenforschung und Frauenkultur honoriert.

🏛 Prinz Eisenherz, Berlin
Lietzenburgerstr. 9a

Im November 1978 wurde in der Nähe des Berliner Wittenbergplatzes mit Prinz Eisenherz Deutschlands erster Buchladen für Schwule und Lesben gegründet. Der im schwulen Berliner Stadtteil Schöneberg gelegene Laden mit der Regenbogenflagge sieht sich heute als ‚größter queerer (schwul-lesbischer) Buchladen Europas'.

Prinz Eisenherz, Berlin

Türk Kitabevi, Frankfurt
Münchner Str.13

Türk Kitabevi, 1992 in der Münchner Straße in Frankfurt gegründet, war der erste türkische Buchladen in Deutschland. Mittlerweile hat sich die Firma, wie andere ehemalige türkische Buchläden in Köln und Hamburg wegen sinkender Kundenzahl im physischen Laden auf das Online-Geschäft zurückgezogen.

☞ Der im Jahr 2004 in Dortmund eröffnete 60 m² *Dost Kitabevi* ist mittlerweile der einzige türkische Buchladen, in Deutschland, in welchem man in einem Ladengeschäft in den Büchern schmökern kann. Dost Kitabevi beliefert Kunden in ganz Deutschland.

Hammet
Friesenstraße 27

1995 wurde in Berlin Deutschlands erste Krimibuch-handlung eröffnet. Der Kreuzberger Krimiladen Hammett führt 2500 deutschsprachige und 700 englischsprachige Titel und weitere 4000 im Antiquariat.

3.3 Zeitgeschichtlich wichtige Buchhandlungen

🏛 Buchhandlung des Waisenhauses, Halle
Franckeplatz 5
1698 gründete der Theologe und Pädagoge August Francke in Halle die Franckeschen Stiftungen. Zuvor hatte Francke bereits eine Schule gegründet, wo mittellose Kinder, darunter viele Waisen, unterrichtet wurden. 1701 konnte Francke dann ein großes Waisenhaus als Zentrum seiner Stiftung einrichten. Dieses Waisenhaus beherbergte bis zur Errichtung von Erweiterungsbauten alle Einrichtungen der Stiftung, darunter auch eine Buchhandlung, die von Heinrich Julius Elers (1667-1728) gegründet wurde. Die Buchhandlung des Waisenhauses gibt es noch heute in Halle. Nach jahrelangen Gebäudesanierungsarbeiten ist sie im Jahre 2012 wieder an ihren angestammten Sitz am Franckeplatz zurückgekehrt.

🏛 Marga Schoeller Bücherstube, Berlin
Knesebeckstr. 33
1929 gründete Marga Schoeller am Kurfürstendamm ihre Bücherstube. Im Dritten Reich verkaufte sie unverdächtige Klassiker, hielt aber für vertrauenswürdige Kunden im Keller verbotene Literatur vor. Auch deshalb bekam sie nach dem Krieg als eine der ersten von den Alliierten eine Lizenz, den Buchvertrieb wieder aufzunehmen. Bald wurde der Laden Anlaufstelle für die literarische Avantgarde im Nachkriegsdeutschland. So traf sich im Laden auch die legendäre ‚Gruppe 47‘. Zur Zeit der Studentenrevolte war der Laden eine Anlaufstelle für studentisches Publikum, welches hier alle relevanten Publikationen vorfand. Dazu trug bei, dass der Laden schon früh eine gut ausgebaute Abteilung von Büchern in englischer Sprache führte. 1974 zog das Geschäft in den heutigen Standort Knesebeckstraße in Charlottenburg um. Marga Schoeller starb 1979, 50 Jahre

nach Gründung ihres Buchladens. Ihr Sohn und einige Mitarbeiter übernahmen den Laden, der bis heute besteht und auch Autorenlesungen anbietet.

🏛 City Lights, San Francisco
261 Columbus Avenue at Broadway
Der von <u>Lawrence Felinghetti</u>, Sohn italienischer Einwanderer, 1953 gegründete Buchladen war der erste, der nur Taschenbücher anbot. *City Lights* entwickelte sich schnell zu einem libertären Buchladen, der die politisch alternative Szene anzog und die Fahne der Meinungsfreiheit hochhielt. Unter den unabhängigen Buchläden Amerikas ist City Lights mittlerweile eine Legende. Der Laden steht in San Francisco sogar unter Denkmalschutz.

🏛 Gastl, Tübingen
Am Lustnauer Tor 7

Die seit 1949 bestehende Tübinger Buchhandlung war in der Nachkriegszeit durch ihre rührige Eigentümerin bekannt geworden, findet sich jedoch heute an einem anderen Standort in Tübingen.
Die Buchhändlerin Julie Gastl lud in den 1960er Jahren Denker wie Walter Jens, Ernst Bloch, Paul Celan und Hans

Mayer zu Vorträgen in ihren Buchladen ein. Dass Ernst Bloch in den sechziger Jahren von der Leipziger Uni nach Tübingen wechselte, war ebenfalls teilweise ihr zu verdanken. Im Gastl hatte Bloch sogar einen Stammsessel, aus dem er seine Diskurse hielt und welcher heute noch im Laden steht. Ein Stammgast schrieb einst über die Gastlsche Buchhandlung *„Hier streckte der Weltgeist mitunter die Beine unter das Teetischchen und machte sich's bequem. "*

 *Bloch-Sessel*

Dom-Buchhandlung Mainz
Markt 24-26
Der Seniorchef dieser Literaturbuchhandlung, der heute über 80jährige Franz Stoffel, hatte noch persönliche Kontakte zu den Schriftstellern Carl Zuckmayer und Heinrich Böll sowie. zum Suhrkamp-Verleger Siegfried Unseld. Unseld erschien einmal persönlich in der Dombuchhandlung, um sich zu entschuldigen. Ein Suhrkamp-Vertreter hatte die Buchhandlung, als sie Ende der 1960er Jahre gegründet wurde und noch mit wirtschaftlichen Schwierigkeiten kämpfte, zwingen wollen, das ganze Verlagsprogramm abzunehmen, worauf Stoffel empört bei Unseld in Frankfurt anrief.

🏛 Karl-Marx-Buchhandlung, Frankfurt
Jordanstr. 11

Die Karl-Marx-Buchhandlung wurde 1970 unter anderem von später so berühmt gewordenen Persönlichkeiten wie Daniel Cohn-Bendit, Joschka Fischer, Tom Königs, Dan Diner und Jonny Klinke gegründet. Der Laden im Uni-Stadtteil Bockenheim war Keimzelle der Frankfurter Studentenbewegung und einst erste Adresse in der Stadt für den Bezug der Schriften von Marx, Engels und Mao. Nachdem die Gründer in Politik und Showbusiness gewechselt hatten, professionalisierte sich die Buchhandlung und wurde zur führenden Unibuchhandlung Frankfurts.

🏛 Wolffs Bücherei/Der Zauberberg, Berlin
Bundesallee 133

1931 vom Buchhändler Andreas Wolff, Enkel des bedeutenden russischen Buchhändlers Moritz O. Wolff, dessen Sohn Ludwig vor der Russischen Revolution nach Deutschland geflohen war, in Berlin-Friedenau gegründete Buchhandlung. Andreas Wolff half übrigens ab 1948 Peter Suhrkamp beim Aufbau seines Verlages und gründete zudem die *Friedenauer Presse*. In der Nachkriegszeit wurde der Buchladen zu einem Anlaufpunkt für Berliner Literaturfreunde und Schriftsteller. Literaten wie Günter Grass, Uwe Johnson, Max Frisch und Hans Magnus Enzensberger lebten damals in Berlin-Friedenau und damit quasi um die Ecke. Besonders Grass war oft Gast der Buchhandlung, später gab er dort Lesungen. Nach Wolffs Tod 1972 begann ein schleichender Abstieg des Ladens, der durch die Verlagerung der Literaturszene, das Aufkommen großflächiger Filialisten und den zunehmenden Buchverkauf im Internet beschleunigt wurde. Als die Buchhandlung in zunehmende wirtschaftliche Schwierigkeiten geriet, beschloss die Russin Natalia Liublina, den Laden zu kaufen. Damit schloss sich der Kreis, denn die Gründerfamilie kam ja auch aus Russland. Im April 2009 wurde die Buchhandlung unter dem neuen Namen *Zauberberg* wiedereröffnet.

Autorenbuchhandlung, Berlin

Else-Ury-Bogen 599-601
Die Autorenbuchhandlung wurde 1976 unter finanzieller Beteiligung bekannter Autoren, darunter Heinrich Böll, Günter Grass, Ingeborg Drewitz und Klaus Wagenbach, gegründet. In den späten 70er und den 80er Jahren lasen hier prominente Autoren wie Allen Ginsberg, Hubert Fichte und Susan Sontag. Heute gehört die Autorenbuchhandlung zur Fürst&Iven GmbH.

Tronsmo, Oslo
Kr Augustsgate 19

Der 1973 eröffnete Buchladen Tronsmo gilt Kennern als der beste Norwegens. Der US-Dichter der Beat-Generation Allen Ginsberg (1926-1997) bezeichnete ihn einmal als ‚*besten Buchladen der Welt*‘, der englische Autor Neil Gaiman nannte ihn ‚*einen der besten Buchläden der Welt*‘.
Per Petterson (*1952), einer der wichtigsten zeitgenössischen Schriftsteller Norwegens arbeitete in den 1980er Jahren als Buchhändler Bei Tronsmo.

🏛 Umberto Saba, Triest
Via San Nicoló 30

Im Jahre 1919 erwarb der italienische Dichter <u>Umberto Saba</u> (1883-1957) eine Triester Buchhandlung und machte sie bald zu einem Treffpunkt lokaler Intellektueller wie Svevo, Stuparich und Giotti. Aber auch auswärtige Schrift-steller schauten hier vorbei, so Carlo Levi und Giovanni Comisso. Wegen seiner jüdischen Mutter litt Saba 1938 unter anti-jüdischen Gesetzen und musste seinen Buchladen verkaufen. Sein Assistent Carlo Cerne übernahm daraufhin den Laden. Nachdem er zwischenzeitlich in Florenz untergetaucht war, kehrte Saba 1946 nach Triest zurück. Nach seinem Tod 1957 wurde Cerne Alleininhaber. Sein Sohn <u>Mario Cerne</u> führt heute die Buchhandlung.

3.4 Antiquariate und Secondhand-Läden

🏛 J. J. Heckenhauer, Tübingen
Holzmarkt 5

Das 1823 gegründete Tübinger Antiquariat J. J. Heckenhauer ist eines der ältesten Deutschlands. Von 1895 bis 1899
absolvierte Hermann Hesse eine Buchhändlerlehre bei
Heckenhauer. Trotz der langen Stunden blieb ihm noch Zeit
zu schreiben. 1898 erschien Hesses erstes Buch ‚Ro-
mantische Lieder'. Von 1917-1920 war Josef Eberle, Mit-
begründer der Stuttgarter Zeitung, Lehrling beim Antiquariat Heckenhauer.

🏛 ★ Erasmushaus der Bücher, Basel
Bäumleingasse 18

Das Antiquariat ist seit 1935 im Erasmushaus untergebracht.
In diesem Haus hat der Philosoph Erasmus von Rotterdam
sein letztes Lebensjahr (Mai 1535- Juli 1536) in Basel
verbracht.
Öffnungszeiten gibt es nicht, Besuche sind nur nach
Voranmeldung möglich.

★ Antiquariat ‚Im Honnes', Velbert (Langenberg)
Hellerstr. 12

Velberts Ortsteil Langenberg hat sich in den letzten 10
Jahren mit mittlerweile etwa einem Dutzend Antiquariaten
zu einer kleinen Bücherstadt entwickelt. Am 1. August 2005
wurde in einem denkmalgeschützten Haus aus dem Jahre
1648 auf mehreren Etagen das Antiquariat ‚Im Honnes'
eingerichtet, die heute schönste Buchhandlung der Bücherstadt Langenberg.

Antiquariat im Hufelandhaus, Berlin
Hegelplatz 1

Mit 40.000 Büchern eines der größten wissenschaftlichen Antiquariate Europas (vor allem was Mathematikbücher betrifft). Ein Schwerpunkt ist die Medizin des 19. Jahrhunderts. Im Bestand das komplette Zeitschriften-angebot 1990-2005 des Wissenschaftsverlags Springer.

★ Antiquariat Herold, Berlin
Hagelbergerstr. 15

Das Antiquariat Helga Herold nutzt die denkmalgeschützten Räume des ehemaligen Kolonialwarengeschäftes Ernst Rank mit seinen alten Schüben, Läden und gläsernen Kästen. *„Einen schöneren Ort für Bücher gibt es nicht"*, schrieb die *Kreuzberger Chronik* im Mai 2007.

★ Gebecke, Quedlinburg
Pölkenstraße 3

Die in einem Fachwerkhaus der Innenstadt Quedlinburgs angesiedelte Buchhandlung Gebecke besteht bereits seit 1881. Sie bietet neue und antiquarische Bücher und gehört zu den schönsten Buchhandlungen Sachsen-Anhalts.

☕ ★ Antiquariat Wilms, Bad Bergzabern
Marktstr. 14

1970 gegründetes Antiquariat, das sich in einem 1756 erbauten Barockhaus am Markt - eines der ältesten Häuser Bad Bergzaberns - befindet. Heute mit über 100.000 Büchern und Grafiken das nach eigenen Angaben größte Antiquariat Süddeutschlands. Neben dem Antiquariat gehört zu Wilms auch eine Buchhandlung. In einem Kreuzgewölbe eines alten Weinkellers am Marktplatz präsentiert Wilms zudem die größte Zinnfigurensammlung von Rheinland-Pfalz.

★ Auguste Blaizot, Paris
164, rue due Faubourg St. Honoré

1840 gegründeter Buchladen und heute eines der an-
gesehensten Antiquariate von Paris mit sehr wertvollem
Buchbestand und kompetenten Expertisen. Nur wenige
Schritte entfernt hatte Marcel Prousts Familie einst ihren
Wohnsitz. Der seit 1974 vom Gründerenkel Claude Blaizot
geführte Laden ist in Rainer Moritz´ Buch `Die schönsten
Buchhandlungen Europas´ ausführlich beschrieben.

★Librairie Ancienne du Somail, Somail
Allée de la Glacière 28

In einem kleinen Weiler am Canal du Midi in Südfrankreich,
14 km nordöstlich von Narbonne, findet sich ein Paradies für
Buchliebhaber: *„Le trouve-tout du Livre"*, ein in einem
ehemaligen Weinkeller untergebrachtes Antiquariat mit 50
000 Büchern.

★ Antiquariat am Burgplatz, Braunschweig
Burgplatz Dankwarderode

Die weniger als 10 m^2 große Buchhandlung am Treppen-
aufgang der Burg Dankwarderode in der Altstadt Braun-
schweigs gilt als Deutschland kleinstes Antiquariat.

Antiquariat am Burgplatz (Photo:Wikipedia)

4. Innovative Läden

Innovative Dienstleistungen und -konzepte

Buchhandlung Korn, Dinslaken
Eppinghovener Str. 24
Diese seit 1968 bestehende von Mutter und Tochter Korn geführte engagierte Buchhandlung kreiert unter anderem besondere Verpackungen für gekaufte Bücher und stellt ausgefallene Buchgutscheine aus.

Belle-Et-Triste, Berlin
Amsterdamer Str. 27
Das Besondere an dieser Buchhandlung: Schüler der nahen Erika-Mann-Grundschule gestalten die Schaufenster und helfen im Laden mit. Deshalb gibt es hier viele Schul- und Kinderbücher. Zudem befindet sich die MUGA, die Museumsgalerie der Schule im Laden.

Heyn, Klagenfurt
Kramergasse 2
Die 1868 gegründete Klagenfurter Buchhandlung Heyn ist seit 1881 in Besitz der Familie. Im Jahre 2013 wurde die Buchhandlung zusätzlich von zwei Katzen in Besitz genommen, Mr. und Mrs. Hey, bzw. Nala und Nilo. Das Pärchen stromert durch die Buchhandlung und wenn sich die Katzen auf bestimmet Bücher setzen, mag das manchen Kunden zum Kauf anregen. Die Buchhandlung gibt eine 14-tägig erscheinende Katzenpost heraus und der Online-Auftritt wird ebenfalls vom Katzenmotiv beherrscht. Als ich im Februar 2020 in Klagenfurt bin und die Buchhandlung besuche sehe ich jedoch zu meiner Enttäuschung von den Katzen nichts.

Aegis Literatur, Ulm
Breite Gasse 2

Die kleine, aber kreativ gestaltete und kulturell sehr aktive Ulmer Literaturbuchhandlung Aegis (sie organisiert Lesungen, Konzerte, Ausstellungen) sieht sich als die erste weltweit, die nicht nur Geschenkpapier abgeschafft hat, sondern Geschenke komplett plastikfrei und klimaneutral verpackt. Geschenke werden in das recycle- und kompostierbare und CO_2 neutrale `Tütle´ eingenäht.

★ 13 1/2, Würzburg
Eichhornstr. 13 1/2

Im Jahr 2012 starteten vier inhabergeführte Buchhandlungen in Würzburg die Initiative „Lass den Klick in deiner Stadt", um Buy local zu fördern, angesichts des Abwanderns zu überregionalen Online-Versandplattformen. Darunter war die 2005 von drei Bücherfrauen gegründete und von einem Architekten originell mit Sitzgelegenheiten, Tischen und Lampen ausgestattete Buchhandlung Dreizehneinhalb in Würzburg.

Unnameable books, New York
600 Vanderbilt Avenue

Dieser Buchladen in Brooklyn verkauft nicht nur neue, sondern auch Second Hand-Bücher. Und nicht nur das. Was in den von Privatleuten angelieferten gebrauchten Büchern an Lesezeichen und anderem Material gefunden wird, wird aufgelistet und separat verkauft. Darunter waren bereits Werbeanzeigen aus dem 19. Jahrhundert, Konzerttickets aus den 1980er Jahren und Karteikarten mit interessanten Kommentaren.

Respublica, Moskau
Tsverskaya-Yamskaya Ul. 1
Dieser moderne Laden bietet ein Konzept, das es zuvor in
Moskau nicht gab: ein Laden, der Bücher und Design-
produkte anbietet und 24 Stunden täglich geöffnet ist.

Neue Themen

Regenbogen Buchhandlung, Düsseldorf
Lindenstraße 175
Regenbogen ist in Deutschland vielleicht die einzige
Buchhandlung zum Themenkreis Sterben, Tod und Trauer.
Die seit 25 Jahren bestehende Buchhandlung hat sich ab
1995 auf diesen Themenbereich spezialisiert. Sie stellt
Buchlisten zu diesem Thema an und bietet sogar selbst-
gestaltete Trauerkarten an. Ihre Webseite enthält einen
Zettelkasten mit Zitaten zum Thema, darunter beispiels-
weise:

ich vermache den vier elementen
was ich zur kurzen verfügung hatte
(Zbigniew Herbert 1924-1998)

≋ ★ La librairie philosophique J. Vrin, Paris
6, place de la Sorbonne
Größte philosophische Buchhandlung Europas und einzige,
die sich allein auf Philosophie spezialisiert. Die Buchhandlung hat die Anmutung einer Kirche, mit kapellen-
artigen Buchnischen. Im Roman *L'Elégance du hérisso*n
(‚Die Eleganz des Igels‘, 2007 in Frankreich literarischer
Bestseller und 2008 auf Platz 5 der Spiegel-Bestsellerliste)
der französischen Schriftstellerin und Philosophieprofesso-
rin Muriel Barbery (*1969), spielt die Buchhandlung Vrin
eine wichtige Rolle.

5. Literarische und kulturell aktive Buchläden

Lehmkuhl, München
Leopoldstr. 45

Die 1903 gegründete und 1913 von Fritz Lehmkuhl übernommene Buchhandlung ist eine Institution im Münchner Stadtteil Schwabing. Freunde des Hauses sagen ‚Kuhle‘. Merian nannte Lehmkuhl 2006 ‚*Münchens renommierteste Buchhandlung*‘. Seit den 1960er Jahren finden hier Autorenlesungen statt. Im Sommer 2009 gründeten Lehmkuhl, Felix Jud (Hamburg), Bittner (Köln), Zum Wetzstein (Freiburg) und die Berliner Autorenbuchhandlung die Marketing-Allianz ‚5 plus‘.

Buchhandlung Klaus Bittner, Köln
Albertusstr. 6

1980 von Klaus Bittner gegründet, gilt die Buchhandlung trotz kleiner Fläche von nur 120 m² als eine der literarisch bestsortierten deutschen Buchhandlungen. Neben deutschsprachigen Büchern wird auch internationale Literatur, vor allem aus romanisch-sprachigen Ländern, angeboten.

★ Zum Wetzstein, Freiburg
Salzstr. 31

Die angesehene Freiburger Literaturbuchhandlung findet sich in einem Haus, an dessen Fassade sein Baujahr abzulesen ist - ‚*Haus zum Wetzstein 1460*‘. Seit Sommer 2009 ist die Buchhandlung, in welcher gelegentlich auch Kunstwerke und Autoren-Originaldokumente zu erwerben sind, Mitglied von 5 plus.

Schleichers Buchhandlung, Berlin
Königin-Luise-Str. 41

Die Universitätsbuchhandlung Schleichers gegenüber der Freien Universität in Berlin-Dahlem ist bundesweit vor allem wegen ihren Autorenlesungen bekannt und geschätzt. Das Dahlemer Autorenforum (DAF) hatte bereits Gäste wie Gerhard Schröder, Helmut Schmidt, Hans Dietrich Genscher, Roman Herzog und Cees Noteboom. Seit 1995 gab es mehr als 500 Veranstaltungen in der Buchhandlung und an anderen Berliner Orten mit insgesamt mehr als 50 000 Besuchern.

Buch- und Kunstkabinett Konrad Mönter, Meerbusch
Kirchplatz 1-5

1983 richtete der heute 86-jährige Konrad Mönter, ein Ex-Banker, in einer alten denkmalgeschützten Dampfmühle im unweit von Düsseldorf gelegenen Meerbuscher Ortsteil Osterath auf 3 Etagen ein Bücherhaus ein. Im offenen Treppenhaus organisierte er ‚Treppenhauskonzerte' und erste Lesungen. Später baute er Nebenhäuser für Kunstausstellungen und Autorenlesungen um. Der Innenhof bietet als Skulpturenhof Bildhauern Gelegenheit, ihre Werke zu präsentieren. So war im Laufe der Zeit aus dem alten Gebäude ein Kulturzentrum geworden.

Autorenbuchhandlung Marx & Co, Frankfurt
Grüneburgweg 76

Die Frankfurter Autorenbuchhandlung entstand 1979, im selben Jahr wie die taz, die Satirezeitschrift *Titanic* und die *Grünen* und sechs Jahre nachdem in München eine erste Autorenbuchhandlung gegründet worden war. In den Jahren seit ihrer Gründung sind ihr die Autoren und Kunden relativ treu geblieben, so dass die Autorenbuchhandlung dem Ansturm von Internet und Großbuchhandlungen bisher standhalten konnte. Seit 2001 ist die Autorenbuchhandlung zudem mit der legendären Frankfurter Karl-Marx-Unibuchhandlung verbunden und heißt seither *Autoren-buchhandlung Marx & Co.*

Autorenbuchhandlung München
Wilhelmstr. 41
Die Autorenbuchhandlung München wurde 1973 gegründet und war damit die erste der drei in der Bundesrepublik in den 1970er Jahren gegründeten Autorenbuchhandlungen. Zu den Gründungsmitgliedern gehörten unter anderem Böll, Canetti, Dorst, Handke, Jelinek und Rinser. Noch heute ist die Buchhandlung im Besitz von etwa 120 Autoren. Auch Autorenlesungen gibt es weiterhin. Als besonderes Gestaltungselement baumelt die Lampe „Zettel'z" des Lichtdesigners Ingo Maurer von der Ladendecke, mit von Schriftstellern beschriebenen Zetteln.

★ Buchhandlung Atlantis, Regensburg
Wahlenstraße 8
Fred Strohmaier, seit 50 Jahren Atlantis-Inhaber gilt mittlerweile als Buchhändler-Legende. Er wurde im Herman Lenz' Roman ‚Freude' selbst zur literarischen Figur. Seine Buchhandlung in einem gotischen Gebäude mit Kreuzgewölbe gilt als Juwel Regensburgs.

Buchhandlung Scheuermann, Duisburg
Sonnenwall 30
Von Herrmann Scheuermann 1911 gegründete Buchhandlung, die 2011 ihr 100jähriges Bestehen feiert. Nach mehreren Orts- und Eigentümerwechseln ist sie heute eine gut sortierte Literaturbuchhandlung mit Antiquariat.

Litera, Hannover
Jakobistr. 12

Im Jahre 2005 zeichnete der Niedersächsische Minister für Wissenschaft und Kultur Lutz Stratmann die von der Künstlerin Hildegard George 1995 gegründete Buchhandlung Litera mit dem alle zwei Jahre verliehenen Preis *"Niedersächsische Buchhandlung des Jahres"* aus.

Wist- der Literaturladen, Potsdam
Dortustr. 17

Die Brandenburger Carsten Wist und Friedrich Ressel standen bereits einen Tag nach der Währungsunion an einem Tapeziertisch in Potsdam an der Straße und verkauften Bücher. Schon 1991 konnten sie an den heutigen Standort, damals noch die August- Bebel-Buchhandlung, ziehen. Von Anfang an, von den Gründern ist seit 2001 allerdings nur noch Wist dabei, waren sie zudem aktiv, was Veranstaltungen betraf. In den 28 Jahren seit der Gründung sind bereits weit mehr als 500 Veranstaltungen mit Autoren organisiert worden. Auch die Literaturnobelpreisträgerin Herta Müller war schon im Laden.

Georg Büchner, Berlin
Wörtherstr. 16

1995 gründete die Ethnologin Sabeth Vilmar im Kollwitzkiez im Prenzlauer Berg die 130 m^2 große literarische Buchhandlung mit philosophisch-politischer Ausrichtung. Die Inhaberin organisiert mehrere Lesungen pro Monat, im Buchladen oder in der um die Ecke liegenden Kulturbrauerei.

6. Kunst und Architekturbuchhandlungen

★ ◇**Bücherbogen, Berlin**
Am Savignyplatz, Stadtbahnbogen 593
Über diesen gut sortierten Architektur- und Kunstbuchladen,
der sich 1980 unter den Bögen einer Stadtbahnbrücke eingerichtet hat, fahren S-Bahnen und Fernverkehrszüge hinweg,
was beim Buchkauf deutlich zu hören ist, dem Laden aber
eine besondere Atmosphäre verleiht.

Bücherbogen am Savignyplatz, Berlin

★ **Walther König, Berlin**
Burgstr. 27
Walther König wuchs in den letzten Jahrzehnten von einer
kleinen Kunstbuchhandlung in Köln zu einem der weltweit
größten Kunstbuchhändler, mit mehr als 30 Buchläden in
Deutschland, Österreich und Großbritannien. Die Filiale an
der Berliner Museumsinsel ist der größte Laden des Kölner
Kunstbuchanbieters und mit seinen großzügigen, hohen
Räumen mit bis an die Decken reichenden Bücherregalen
einer der schönsten.

> **weitere schöne Walther-König-Filialen:**
> ★ Berlin, Martin-Gropius-Bau
> ★★ Köln, Ehrenstraße
> ★ München, Haus der Kunst
> ★★ Dresden, Residenzschloss
> ★ Dresden, Gemäldegalerie alter Meister (Zwinger)

Buchhandlung L. Werner, München

Türkenstr. 30

Das Buchgeschäft in Schwabing ist einer der best-sortierten Kunstbuchläden Münchens. Eine weitere Filiale findet sich in der Türkenstraße in Schwabing.

★Soda, München

Rumfordstr. 3

Seit 2004 im Münchner Gärtnerplatzviertel bestehender Laden für Design, Grafik, Mode, Fotografie, Magazine. Minimalistisches Design mit schmalen, aber sehr tiefen Räumen, die durch Spiegel noch langgezogener wirken.

★ Pro qm, Berlin

Almstadtstr. 48-50

Neuer Design- und Kunstbuchladen in der trendigen Mitte Berlins. Pro qm eröffnete 1999 zunächst in der Alten Schönhauser Straße, zog aber später in die Almstadtstr. um. Hohe Regale und interessante Raumaufteilung machen den Buchladen auch optisch ansprechend.

Rita Limacher, Stuttgart

Königstr. 28 (Königsbau)

170 m^2 große, modern gestaltete Buchhandlung zu Kunst, Architektur und Design im Königsbau am Stuttgarter Schlossplatz.

★ Bookstore PdE
Via Milano 15/17

Diese elegant-moderne, ganz in weiß gehaltene 450 m² große Arion-Filiale im Palazzo della Esposizione in Rom gilt als einer der schönsten Buchläden Italiens.

Buchhandlung im Haus der Photographie, Hamburg
Deichtorhallen, Deichtorstr. 1-2

In der im Jahr 2005 in den Deichtorhallen eröffneten Photographie- und Designbuchhandlung kann man in 2500 Bildbänden schmökern.

Boekie Woekie, Amsterdam
Berenstraat 16

Boekie Woekie ist ein Amsterdamer Buchladen, der von Künstlern geleitet wird, liebevoll unaufgeräumt wirkt und von Künstlern zum Teil kunsthandwerklich gestaltete Bücher offeriert.

♜ Ars Libri, Boston
500 Harrison Avenue

Der 1976 gegründete Buchladen hat in den USA das größte Angebot an seltenen und antiquarischen Kunstbüchern. Ars Libri gilt in ganz Nordamerika als Institution, was sein Angebot an schwer aufzutreibenden Kunstbüchern betrifft.

Siehe zudem:

★★ **Sautter + Lackmann, Hamburg**
★ **Motto, Berlin**

Und das Kapitel zu Museumsbuchhandlungen

---

7. Comicläden

Librairie Album, Paris
84, Boulevard St. Germain

Album ist eine französische Comicladenkette mit 26 Filialen in den wichtigsten Städten. Der 1948 eröffnete Laden am Boulevard St. Germain 84 im 5. Arrondissement ist der älteste Comicladen Frankreichs.

⛪ Lambiek, Amsterdam
Kerkstraat 132

Der holländische Comicexperte Kees Kousemaker (er starb am 27. April 2010) gründete im Jahre 1968 in der Amsterdamer Kerkstraat Europas ersten Comicladen. Im Laufe der Zeit entwickelte sich Kousemaker zu einem international angesehenen Comicexperten und Lambiek zu einer Institution im Bereich der Comics.

★ Mekanik Strip, Antwerpen
Sint-Jacobsmarkt 73

Vollgestopft mit Comics und Comicfiguren und dennoch übersichtlich gehört Mekaniek Strip, 1983 gegründet, zu den schönsten und, nach eigener Ansicht, bedeutendsten Comicläden Europas. Eine Comic-Kunstgalerie ist angeschlossen.

Science-Fiction Bokhandeln, Stockholm
Västerlanggatan 48

Riesiger Science-Fiction Laden der auch jede Menge Comics bietet. Filialen gibt es in Göteborg (Östra larmgatan 16) und Malmö (Storgatan 41).

★ Secret Headquarters, Los Angeles
3817 W Sunset Boulevard

Im Januar 2008 listete der britische Guardian den östlich von Hollywood gelegenen Comicladen *Secret Headquarters* mit seiner fast altmodisch gediegenen Holzinnengestaltung unter die 10 schönsten Buchläden der Welt. Der kanadische Science-Fiction-Autor Cory Doctorow (*1971) meinte sogar Secret Headquarters wäre der beste Comic-laden der Welt.

Grober Unfug, Berlin
Torstr. 75, Zossenerstr. 33

Berliner Comicladen mit Filialen in Kreuzberg (Zossener Str. 33) und Mitte (Torstr. 75). Der Laden in Berlin-Mitte verfügt über eine internationale Abteilung.
Zu Grober Unfug gibt es einen eigenen Blog:
http://groberunfug-comics.blogspot.com/

🐃 Ultra Comix, Nürnberg
Vordere Sterngasse 2

Im Januar 1990 eröffneten die Nürnberger Brüder Ulrich und Stefan Trautner in der Pirckheimerstr. einen kleinen Comicladen. Nach Jahren des Wachstums und verschiedenen Fusionen entstand daraus bis 2005 mit heute 1000 m² einer der größten europäischen unabhängigen Fachgeschäfte für Comics, Fantasy und Spiele.

🐃 Sammlerecke, Esslingen
Daimlerstr. 8

1988 entdeckte Frieder Maier in Nürtingen durch Zufall eine zum Verkauf stehende alte private Leihbücherei. Maier übernahm das 35 m² große Ladengeschäft und baute es zum Comic-Fachgeschäft aus. 1996 wird eine Filiale in Koblenz eröffnet. Bis 1997 entwickelt sich die *Sammlerecke* zum umsatzstärksten Comic- und Romanheftfachgeschäft Deutschlands mit mehr als 500.000 vorrätigen Romanheften. 1998 zieht das Stammgeschäft von Nürtingen in ein 25.000 großes ehemaliges Elektrofachgeschäft nach Esslingen um. Im Jahr 2004 ist die *Sammlerecke* der umsatzstärkste Comic- und Romanheftversand Europas. ☞: eine weitere Filiale findet sich in der Eicherstr. 17 in Koblenz.

🐃 Modern Graphics, Berlin
Oranienstraße 22

Der 1991 gegründete Laden in der Oranienstraße in Kreuzberg ist mit Comics bis zum Bersten vollgestopft. Vielfältiges Angebot auch kleinerer Verlage und aus dem englischsprachigen Raum.

★ ✧Brüsel, Brüssel
Boulevard Anspach 100

Größter und bestsortierter Comicladen der Comicstadt Brüssel. Hier versucht man gleichzeitig Mainstream und Underground abzudecken. Neben Comics gibt es eine reiche Auswahl an Postern und Figurinen. Als Service für die Kunden werden auf kleinen Zetteln die angebotenen Comics kommentiert.

Brüsel, Brüssel

8. Kulinarik, Buchcafés und -restaurants

8.1 Kochbuchläden/Kulinarische Buchhandlungen

🏛 Books for Cooks, London
Blenheim Crescent 4

Kochbuchladen im Londoner Trendviertel Notting Hill der 1983 von der ehemaligen Krankenschwester Heidi Lascelles gegründet wurde. Unzufrieden mit den Kochrezepten der als wenig schmackhaft geltenden heimischen Küche und mit dem dürftigen Kochbuchangebot britischer Buchläden, beschloss Lascelles einen Laden nur für Kochbücher zu gründen. Der Laden signalisierte den Wandel Londons zu einer kulinarischen Metropole und fand lebhaften Zuspruch in der internationalen Gemeinde der Stadt. Bald musste er in größere Räumlichkeiten umziehen. Im neuen Laden ließ Lascelles eine Testküche einrichten, ein Erfolgsrezept, das später von anderen Läden kopiert wurde. Erste Köchin war Annie Bell, heute eine bekannte Autorin kulinarischer Bücher. Im Februar 2001 übergab die Gründerin den Laden an zwei Mitarbeiter und zog in die Toskana, wo sie heute Kochferien organisiert.

★ Goldhahn&Sampson, Berlin
Dunckerstr. 9

Goldhahn&Sampson, im Herbst 2006 im Prenzlauer Berg eröffnet, ist Feinkostladen, Weinhändler, Café, Kochschule und Kochbuchhandlung in Einem.

Kochkontor, Hamburg
Karolinenstr. 27

Im November 2006 eröffnete im trendigen Karolinenviertel mit dem *Kochkontor* Hamburgs erster Kochbuchladen. Das

Kochkontor bietet Kochkurse an und einen Mittagstisch mit täglich wechselnden Gerichten aus den Kochbüchern.

Frank Petzchen, Düsseldorf
Benrather Str. 6

Im Jahr 2005 gründete Frank Petzchen auf 50 m^2 eine kleine Kochbuchhandlung mit Kochschule. Letztere war so erfolgreich, dass er bald einen 220 m^2 großen weiteren Kochschul-Standort in Düsseldorf eröffnen konnte.

Babettes' Spice and Books for Cooks, Wien
Schleifmühlgasse 17

Seit Mai 2002 gibt es den Laden in der Schleifmühlgasse, der eine offene Küche inmitten eines Buchladens mit 2500 Kochbüchern bietet. Abends finden in den Räumlichkeiten Kochkurse statt. Mittlerweile gibt es in einem barocken Gebäude am Hof (am Hof 13) eine Dependance. Hier finden sich neben Kochbüchern in einem Apothekerschrank 70 Einzelgewürze aus aller Herren Länder.

Librairie Gourmande, Paris
92-96, rue Montmartre

In den 1980er gegründet und im Jahr 2007 an den heutigen Standort gezogen, ist *Librairie Gourmet* die älteste kulinarische Buchhandlung von Paris. Der im 2. Pariser Arrondissement gelegene Laden bietet nicht nur Kochbücher, sondern auch Bildbände zu Nahrungsmitteln, Gourmetführer, Zeitschriften und sogar Spiele.

8.2 Buchcafés und -restaurants, Weinbuchhandlungen

Buchrestaurants

★◇Cook and Book, Brüssel
Avenue Paul Hymans 251

Das 2006 im Brüsseler Stadtteil Woluwe St. Lambert eröffnete Cook&Book kombiniert ein Restaurant mit einem Buch- und Musikgeschäft. Teile des Ladens sind im 1950er Stil gehalten, komplett mit von Büchern umgebenen Reisemobil, in welches man sich zum Essen sogar hineinsetzen kann

Buchkantine, Berlin
Essener Straße 11

Im Oktober 2006 in Moabit vom ehemaligen Architekturstudenten Frederik Herbers eröffneter ansprechend modern gestalteter 160 m^2 Laden, welcher Café/Imbissfunktion mit dem eines Buchladens verbindet. Plätze im Freien sind ebenfalls vorhanden.

Buchkantine Berlin

Buchcafés

★ Antiquarius Buchcafé, Bonn
Bonner Talweg 14
Das besondere an dieser Buchhandlung in der Bonner Südstadt ist die Kombination Antiquariat und Café. Der Inhaber Volker Schliwa nutzte die Bestände eines ehemaligen Antiquariates in Köln für die Einrichtung seines Buchcafés, welches auch an Sonntagen geöffnet ist und zudem Lesungen und kleinere Musikveranstaltungen bietet.

Leseglück, Berlin-Kreuzberg
Ohlauerstr. 38
Diese kleine Kreuzberger Buchhandlung führt internationale Romane und Lyrikbände und schließt zudem auch ein kleines Lesecafé ein.

Erasmus-Buchcafé, Hermannstadt (Sibiu)
Mitropoliei 30
Buchcafé in der rumänischen Stadt Sibiu (Hermannstadt), welches neben Büchern (in deutscher und rumänischer Sprache) ein einfaches Menu, Café und Tee bietet.

Housing Works Bookstore Café, New York
126 Crosby Street
Dieser Buchladen mit seinem voll ausgebauten Café hat sich zu einem Anlaufpunkt für Touristen in Manhattan entwickelt. Der Laden beschäftigt hauptsächlich Gelegenheitsmitarbeiter, Gewinne gehen an den gemeinnützigen Verein Housing Works.

Bücher und Wein

Buch und Wein, Frankfurt
Bergerstr. 122

Dieser Buchladen wurde von einer Rechtsanwältin und einer ehemaligen Redaktionsassistentin des Satiremagazins Titanic gegründet, die zudem Vorbild für Simone Borowiaks Roman "*Frau Rettich, die Czerni und ich*" war gegründet. Der Laden bietet neben Koch- und Weinbüchern, Romane und Krimis, die einen Trinkbezug haben, Weine, vor allem aus Spanien, an. Auf seiner Homepage findet sich folgendes Zitat *'Man muss lesen, um zu vergessen und trinken, um sich zu erinnern'.*

Auberbach. Bücher und Weine, Berlin
Albrechtstr. 10 (Steglitz)

Im Ambiente eines 128 Jahre alten Ladens findet sich ein aktuelles Sortiment mit Schwerpunkt Kinder- und Jugend-bücher kombiniert mit einem Angebot von preiswerten Qualitätsweinen.

★ Libreria Ambasciatori, Bologna
Via Orefici 19

Großer Buchladen auf mehreren Etagen in historischen Gemäuern in der Altstadt italienischen Gourmethauptstadt Bologna. Bücher kombiniert mit Feinkost, Weinen und einem Restaurant und das alles täglich bis 24 Uhr geöffnet.

Bücher und Tee

Tee und Literatur Rungberg, Schwerin
Schusterstr. 8

Dieser Laden in der Altstadt Schwerins bietet die eher seltene Kombination eines Teeladens mit Büchern zu Tee und anderen Themen.

9. Krimi- und Musikbuchhandlungen

a) Krimibuchhandlungen

★ **Wendeltreppe, Frankfurt**
Brückenstr. 34
'Die Wendeltreppe' gilt als schönste Krimi-Buchhandlung Deutschlands und liegt auch beim umfangreichen Buchbestand an der Spitze. Hohe Regale sind bis oben mit Krimibüchern gefüllt, ein Mosaik-Steinfußboden trägt zum ansprechenden Ambiente bei.

Totsicher, Berlin
Winsstr. 16
Diese Krimi-Buchhandlung im Berliner Stadtteil Prenzlauer Berg wurde von der Webseite top10berlin an die erste Stelle der Top 10 Berliner Buchhandlungen gesetzt. Vor allem Service und Fachkompetenz schnitten gut ab. Vor allem deutsche und skandinavische Krimiautoren sind im Laden vertreten. Alle zwei Wochen gibt es Lesungen mit Schauspielern und Autoren.

Miss Marple, Berlin
Weimarer Str. 17
Diese Berliner Krimi-Buchhandlung zitiert auf ihrer Homepage den amerikanischen Schriftsteller Raymond Chandler (1888-1959) folgendermaßen:

"Man zeige mir einen Mann oder eine Frau, die Kriminalromane nicht ausstehen können, dann will ich Ihnen einen Narren zeigen, einen klugen vielleicht - aber nichtsdestoweniger einen Narren"

Die gut gestaltete Webseite der Buchhandlung bietet viel Orientierung denn hier findet sich nicht nur ein 'Tipp der

Woche', eine Liste mit Monatsempfehlungen, sondern auch ein 'Autor des Monats' und Lesungen werden organisiert.

Glatteis, München
Corneliusstr. 31

Der Schriftsteller Jörg Fauser (1944-1987) war in frühen Jahren Underground-Autor und wurde später, was ihm nicht ganz gerecht wurde, als Autor von Kriminalromanen gesehen. Im Juli 1987 starb er unter nicht ganz geklärten Umständen, als er zu Fuß bei München eine Autobahn überqueren wollte und von einem LKW erfasst wurde.

Seine Ehefrau Gabriele Fauser (1949-2008) gründete im Jahr 2000 die erste und immer noch einzige Krimi-buchhandlung Münchens und Bayerns. Diese ist nach dem gleichnamigen Krimi von Hans Werner Kettenbach benannt. Heute wird sie von Monika Dobler geführt, die die meisten der 8000 im Laden angebotenen Krimis selbst gelesen oder ausgewählt hat.

Siehe zudem

Hammet, Berlin (Deutschlands ältester Krimibuchladen)

Weitere Krimibuchhandlungen

Whodunnit, Könneritzsttr. 67, Leipzig
Tatort, Hinterstr. 35, Meppen
Mord&Musik, Lindengasse, Wien

---

b) Musikbuchhandlungen

★ Doblinger, Wien
Dorotheergasse 10
Das 1876 gegründete Musikhaus Doblinger, Familienbetrieb in fünfter Generation, ist eines der größten Notenfachgeschäfte Europas und bietet in seinem stilvollen Ladengeschäft auch etliche Regalmeter Musikbücher an.

★ Bauer und Hieber, München
Landschaftstr.1, im Rathaus
240 m² große, seit über 100 Jahren bestehende Musikalienhandlung im Münchner Rathauskomplex. Das Angebot an musikbezogenen Büchern kann sich sehen lassen. Zu Bauer und Hieber gehören heute Filialen in 8 Städten.

Musik Riedel, Berlin
Bismarckstr. 5
Die seit 1910 bestehende Musikalienhandlung Riedel wurde 2008 von Bauer und Hieber übernommen. Mit über 50 000 Titeln hat Riedel das größte Notenantiquariat Deutschlands. Zudem gibt es ein Buchantiquariat und ein breites Buchangebot zu moderner Musik.

★ Travis & Emery, London
17, Cecil Court
1960 eröffnetes, mit Büchern bis an die Decke vollgestopftes kleines Musikbuchantiquariat in Londons Buchladenstraße Cecil Court.

Casa Beethoven, Barcelona
La Rambla 97
Kleine, seit 1880 bestehende atmosphärische Musikalienhandlung zu deren Kunden bereits Montserrat Caballé, Josep Carreras und Plácido Domingo gehörten.

10. Englischsprachige Buchhandlungen
(in nicht-englischsprachigen Ländern)

🏛 ★ Galignani, Paris
Rue de Rivoli 224
Die im Jahre 1801 von Galignani in Paris eröffnete
Buchhandlung war die erste englischsprachige des Konti-
nents und zählt zu den schönsten Buchläden von Paris.

★ Another Country, Berlin
Riemannstr. 7
Von Lonely Planet wurde die etwas schrullige-originelle
Kreuzberger Buchhandlung als einzige Deutschlands auf die
Liste `*The World's 10 greates bookshops*' gesetzt. Hier kann
man englischsprachiges Antiquariat nicht nur kaufen,
sondern auch ausleihen.

★ American Book Center, Amsterdam
Spui 12
ABC, auf drei Stockwerken in einem dreihundert Jahre alten
Gebäude ist angeblich der größte amerikanische Buchladen
des europäischen Kontinents. Das Design ist stimmig, man

steigt wendeltreppenartig nach oben und eine tragende Säule ist als Mammutbaum drapiert.

★ Atlantis Books, Santorini
Oia

Inspiriert von der originellen Gestaltung des englischen Buchladens Shakespeare&Co in Paris eröffneten eine Gruppe von Amerikanern und Engländern und eine Zypriotin in ihrem weißen Haus auf Santorin in Griechenland einen kleinen, liebevoll-originell gestalteten Buchladen, der, seither von manchen zu den schönsten Europas gerechnet wird.

★ The bookworm, Beijing
Building 4, Nan Sanlitun Road, Cahoyang District

Mit seinen Lesungen und anderen kulturellen Veranstaltungen, seiner Leihbücherei mit einem Bestand von mehr als 16 000 Büchern und dem integrierten Restaurant ist Bookworm eine wichtige Expat-Anlaufstelle und eine kulturelle Institution in Peking.

Shakespeare & Company, Wien
Sterngasse 2

Namensgleich mit dem berühmten Pariser Buchladen betont die Wiener Version, dass die beiden Läden geschäftlich nicht zusammenhängen. Aber auch Shakes-peare&Co in Wien hat Atmosphäre und eine recht passable Buchauswahl.

Siehe zudem:

★★ **Shakespeare& Co,** Paris
★ **The Abbey Bookshop,** Paris
★ **Massolit,** Krakau
The Globe, Prag

---

11. Museumsbuchläden, christliche Buchläden

a) Museumsbuchläden

★ Walther König im Residenzschloss, Dresden
Taschenberg 2
Die durch ihre Räumlichkeiten wahrscheinlich schönste
Walther-König Museumsbuchhandlung in Deutschland.

★ Walther König Gemäldegalerie Alter Meister
Theaterplatz 1, Dresden
Auch die im Untergeschoss des Dresdner Zwingers gelegen
Buchhandlung beeindruck durch das Schloss-Ambiente.

Walther König im Haus der Kunst, München
Prinzregentenstr. 1
Diese Walther König-Filiale wurde 2006 vom bedeutenden
Münchner Designer Walter Grcic gestaltet.

Buchhandlung im Buddenbrookhaus, Lübeck
Mengstr. 4
Im Museumsshop des nach Kriegszerstörung in den 1950er
Jahren wieder aufgebauten Buddenbrookhauses findet sich
alles zu den Brüdern Thomas und Heinrich Mann.

★ La librairie des Princes, Versailles
Cour d'honneur des Versailler Schlosses
Im Jahre 2011 eröffneter, vom Architekten Nicolas Adam
entworfener Buchladen im südlichen Ministerflügel des
Versailler Schlosses. Parkettböden, interessante Leuchten,
abwechslungsreiche Regallandschaften und in verschie-
denen Farben (darunter ein Zimmer in Gold) gehaltene
Wände tragen zum ansprechenden Gesamteindruck bei.

b) Christliche Buchläden

★ Ars Liturgica, Maria Laach
Kloster Maria Laach
Die etwa 500 m² große ansprechend gestaltete Buchhandlung wurde von *Buchmarkt.de* im 2011 zur Spezialbuchhandlung des Jahres gewählt.

★ Dombuchhandlung, Regensburg
Domplatz 7
Diese traditionsreiche Buchhandlung liegt in einem des schönsten Patrizierhäuser Regensburgs, nur wenige Schritte vom Dom entfernt. Mittelalterliche Deckengewölbe tragen zum besonderen Ambiente der 250 m² großen Buchhandlung bei.

Dombuchhandlung Osnabrück
Domhof 2
Die 400 m² –Buchhandlung führt Norddeutschlands größte Auswahl christlicher Literatur.

▥ Comenius Buchhandlung, Herrnhut
Comeniusstr. 2
Von 1910 bis 1918 wurden die berühmten Herrnhuter Adventssterne in dieser heute eher unscheinbaren Buchhandlung (damals Missionsbuchhandlung) zusammengesetzt.

Libreria Internazionale Giovanni Paolo II
Via della Posta, Vatikanstadt
1984 von Papst Johannes Paul II. eröffnete Buchhandlung am Petersplatz. Nur 100 m² groß bietet sie dennoch Bücher in mehr als 30 Sprachen, darunter alle offiziellen Schriften des Vatikans, an.

12. Reisebuchläden und Bahnhofsbuchläden

12.1 Deutschland, Österreich, Schweiz

⛟ ★ Dr. Götze Land & Karte, Hamburg
Alstertor 14-18

Dr. Götze Land & Karte, in der Hamburger Innenstadt unweit der Binnenalster gelegen, ist mit einer Verkaufsfläche von 600 m² Deutschlands größte geographische Buchhandlung. Hier kann man nicht nur Reisebücher und Landkarten erwerben, sondern auch ganze Inseln. Denn Eigner des seit 1950 bestehenden Ladens ist seit 2001 der bekannte Inselmakler Farhad Vladi, ein Hamburger Geschäftsmann persischer Herkunft mit kanadischem Pass. 1970 gründete er die *Vladi Private Islands Company*, die mit Inseln handelt. Vladi hat seit 1970 2000 Inseln verkauft und gilt als wichtigster Inselmakler weltweit.

Dr. Götze Land und Karte

Chatwins, Berlin
Goltzstr. 40

Reisebuchhandlung, die 1997 in Berlin von den leidenschaftlichen Weltreisenden Kerstin Hofmann und Peter Neumann gegründet wurde. In einem Nebenraum kann man in bequemen Sesseln in Reiseliteratur schmökern.

★ Reisefibel, Leipzig
Marktgrafenstraße 5

1994 gegründetes Reisebüro und Buchhandlung in der Leipziger Innenstadt, das schöne Räumlichkeiten mit hohen Decken nutzt. Angebotsschwerpunkt: Wandern, Trekking, Bergsteigen.

Schropp, Berlin
Hardenbergstr. 9a

Im April 1742 erhielt Simon Schropp vom preußischen König die Erlaubnis mit Landkarten zu handeln. Ende des 18. Jahrhunderts war Schropp und Co zu den führenden Landkartenhändlern Berlins aufgestiegen. 1880 arbeiteten bereits 100 Mitarbeiter für das Unternehmen. Im April 1945 wurde die Schropp Landkartenanstalt bei einem Luftangriff zerstört. Nach dem Krieg führte Walter Ludwig die Firma unter altem Namen fort. 1979 wurde sie von der Geographin und Buchhändlerin Regine Kiepert, zu deren Vorfahren Kartographen gehörten, übernommen. 2008 zog die Buchhandlung von Schöneberg in die Hardenbergstr. nach Charlottenburg um und belegt jetzt 200 m^2.

★ Das Landkartenhaus, Freiburg
Schiffstrasse 6

1932 gegründeter kleiner (ca. 100 m²), aber mit 10.000 Landkarten und 3000 Reiseführern gut sortierter Laden in der Freiburger Innenstadt. Im Jahre 2007 zur ,*Buchhandlung des Jahres*' in der Sparte Fachbuchhandlung gekürt, wurde das Landkartenhaus im selben Jahr von der Buchhändlerin Kathrin von Malchus und der Pferdezüchterin Bianka Möllendorf übernommen.

★ Reisefibel, Leipzig
Markgrafenstraße 5

1994 gegründetes Reisebüro mit integrierter Buchhandlung und Bergshop in der Leipziger Innenstadt. Der Angebotsschwerpunkt der aufgeräumt wirkenden, 120 m² großen Buchhandlung mit ihren hohen Decken liegt auf Wandern, Trekking und Bergsteigen. Gute Auswahl an Globen und topographischen Karten. In den historischen Räumlichkeiten werden auch Vorträge veranstaltet.

★ Travel Book Shop, Zürich
Rindermarkt 20

Der Travel Book Shop im Züricher Altstadtquartier Niederdorf wurde im Jahre 1977 von der Buchhändlerin und passionierten Fernreisenden Gisela Treichler gegründet. Als Fernreisen noch nicht so verbreitet waren, war der Travel Book Shop *die* Anlaufstelle und Informationsbörse für Zürcher mit Fernweh.

Freytag & Berndt, Wien
Wallnerstr. 3

Der Brandenburger Gustav Freytag kam 1866 nach Wien um dort bei seinem Onkel Lithographie zu studieren. Später eröffnete er dort eine eigene karthographisch-lithographische Anstalt. Der Kaufmann Berndt finanzierte

Freytag eine Druckerei und 1908 wurde er zum k.u.k-Hoflieferanten ernannt. So entstand der österreichische Landkartenverlag *Freytag&Berndt* der heute über 4 Ladengeschäfte verfügt, darunter zwei in Deutschland (Nürnberg und Regensburg) und eines in Österreich (Wien).

Weitere Reisebuchläden deutschsprachiger Länder

Deutschland	
Berlin	**Dr. Seifert im Camp 4** Karl-Marx-Allee 32
Dresden	**Der Reisebuchladen** Louisenstr. 38
Hamburg	**Landkarten Büchereck** Lohkampstr. 6
Heidelberg	**Reisebuchladen Heidelberg** Kettengasse 5
Karlsruhe	**Reisebuchladen Karlsruhe** Herrenstraße 33
Kiel	**Geobuchhandlung Kiel** Schülperbaum 9
Nürnberg	**Freytag&Berndt** Königstr. 85
Regensburg	**Freytag&Berndt** Kohlenmarkt 1
Wuppertal	**Baedeker Land+Karte** Friedrich-Ebertstr. 31
Wiesbaden	**Das Landkartenhaus Angermann** Mauergasse 21

★ Stanfords, London

7 Mercer Walk

Stanfords in London sieht sich als *'The World's Largest Map and Travel Bookshop'*. Auf jeden Fall ist der mehr als 150 Jahre alte Buchladen im Bücherstadtviertel Westend der größte Landkarten- und Reisebuchladen Londons. Hier gibt es neben Gedrucktem auch Reiseutensilien wie Ferngläser, Kompasse, GPS-Geräte und sogar Globetrotterkleidung. Der Teppich (im Untergeschoss) des Ladens zeigt geographische Motive.

★ Daunt Books, London

83, Marylebone High Street

Daunt Books ist eine kleine Buchladenkette in London, deren Filialen im Edwardian-Stil eingerichtet sind mit Eichenholzgalerien und Parkettboden. Die schönste Filiale findet sich im Londoner Stadtteil Marylebone. Ursprünglich eine Reisebuchhandlung, findet sich mittlerweile auch ein (begrenztes) allgemeines Sortiment in den Daunt-Buchläden.

★ Pied à terre, Amsterdam
Overtoom 135-137

Mit 400 m² ist diese geographische Buchhandlung in Amsterdam, die im Saal eines ehemaligen Theaters einge-

richtet wurde die größte Reisebuchhandlung im gesamten Beneluxraum allein 68 000 Karten. Neben dem gut sortierten Buchangebot (davon viele englischsprachige Bücher) fällt die große Auswahl an Globen auf.

★ Stanley&Livingstone, Den Haag
Schoolstraat 21

In der Innenstadt Den Haags gelegen, ist Stanley&Livingstone eine eher kleine, aber atmosphärische und gemütliche Reisebuchhandlung mit gutem Angebot an Globen.

★ Tranquebar, Kopenhagen
Borgergade 14

Der in der Innenstadt Kopenhagens gelegene Laden bietet nicht nur Bücher, sondern auch Musik-CDs aus aller Welt und ethnisches Design an und enthält zudem ein Café.

Anticyclone des Azores, Brüssel
Fossé aux Loups 34

Die in der Brüsseler Innenstadt gelegene Reisebuchhandlung ist mit ca. 250 m² die größte überwiegend französischsprachige in Belgien.

Anticyclone, Brüssel

★ **Altair, Barcelona**
Gran Via 616

Die 1979 in zuvor von einem Restaurant und einem Billardsalon genutzten Räumen gegründete Buch-handlung Altair in Barcelona behauptet von sich, die größte Reisebuchhandlung Europas zu sein. Mit 1000 m^2 und über 60 000 angebotenen Medien ist sie auf jeden Fall die größte Reisebuchhandlung des europäischen Festlandes. Spärlich beleuchtet, die oberen Wandhälften von topographischen und thematischen Karten bedeckt, hat der Buchladen in Barcelona eine besondere Atmosphäre. In mehreren Sesseln lässt sich bequem im auch bibliophile Raritäten umfassenden Angebot schmökern.

★ Geothèque, Nantes
14, rue Racine

Geothèque in Nantes ist mit ihren mit vielen Karten bestückten Nebenräumen die schönste Reisebuchhandlung Frankreichs.

★ Jana Seta Map shop, Riga
Elizabetes 83/85

Im April 1994 wurde vom lettischen Landkartenverlag Jana Seta in Riga die erste Landkarten- und Reisebuchhandlung des Baltikums gegründet. Mit 240 m² ist sie die größte Reisebuchhandlung der ehemaligen Sowjet-union. Zwischen 1949 und 1991 hergestellte Militärkarten und Stadtpläne der ehemaligen UdSSR nehmen immer noch einen wichtigen Platz im Sortiment ein.

★ Alta Via, Antwerpen
Nassaustraat 29

Die Reisebuchhandlung Alta Via öffnete im Oktober 2010 am Antwerpener Stadthafen (unweit des neuen „Museum aan de Stroom", MAS) ihre Pforten. Der geräumige, etwa 150 m² große, mit Massivholzregalen und Laminatfußboden ansprechend modern gestaltete Laden gilt als schönste Reisebuchhandlung Belgiens.

12.3 Buchläden zu einer Stadt, Bahnhofsbuchläden

Buchläden zu einer Stadt

★ Berlin Story, Berlin
Unter den Linden 42

1997 wurde Berlin Story in den Räumen einer ehemaligen Bank in der Nobeladresse Unter den Linden eröffnet. Mit den Gemälden und Büsten an der Wand und einem Kronleuchter hatte dieser auf Bücher zu Berlin und Souvenirartikel spezialisierte Buchladen eine besondere Atmosphäre. Im Januar 2011 meldete Berlin Story Insolvenz an und zog in eine Parallelstraße. Mittlerweile ist der Laden in bescheidener Form wieder am alten Standort Unter den Linden zu finden.

Quartiers Latins, Brüssel
14, place des Martyrs

An einem historischen Platz unweit der Fußgängerzone gelegen findet sich in eher minimalistischem Interieur alles, was man schon immer über Brüssel wissen wollte.

Leipzig Laden N°1(Buchhandlung Bachmann)**, Leipzig**
Markt 1
In diesem kleinen Buchladen im Alten Rathaus von Leipzig
finden sich Bücher zum Thema Leipzig, sowie Souvenirs.

Buchladen des historischen Museums, Amsterdam
Kalverstraat 92
Museumsbuchladen, der eine reiche Auswahl von Büchern
zur Geschichte und Gegenwart Amsterdams bietet.

Weitere Buchläden
★Librairie du musée Carnavelet, Paris, Rue de Sévigné 23
Libraria Valladolid, Calle Acera de Recoletos (im Park)

★ ◇ Ludwig Presse und Buch, Leipzig Hbf
Im eindrucksvollen Architekturambiente des Leipziger
Hauptbahnhofs, einem der größten Kopfbahnhöfe Europas,
findet sich mit der Ludwig Presse und Buch Filiale eine der
schönsten Bahnhofsbuchhandlungen Europas.

🏛 Ludwig Presse und Buch, Köln Hbf

Gerhard Ludwig (1909, Berlin – 1994, Köln) war im Nachkriegsdeutschland ein Pionier unter den Bahnhofsbuchhändlern:

- Unter dem Titel ‚der grüne Teppich' lud Ludwig seit Mitte der 1950er Jahre zu ‚Mittwochsgesprächen' in seiner Bahnhofsbuchhandlung in Köln ein. Heinrich Böll, Joseph Beuys, Ludwig Erhard und andere kamen und die Medien verfolgten die Gespräche. Die erste Talk Show Deutschlands war damit etabliert.

-Ende der 1950er Jahre eröffnet Ludwig im Kölner Hauptbahnhof Deutschlands ersten Taschenbuchladen.

1988 erwarb der Stuttgarter Bahnhofsbuchhändler Dr. Adam Claus-Eckert die Kölner Bahnhofsbuchhandlung und baute sie zur Marke aus.

★ Schmitt& Hahn, Frankfurt Hbf

Die erste Bahnhofsbuchhandlung weltweit wurde 1848 von W.H. Smith in der Euston Station in London eingerichtet. 1854 eröffnete dann der Buchhändler Carl Schmitt im Bahnhof von Heidelberg eine erste Verkaufsstelle für ‚Reiseliteralien' und hatte damit die erste Bahnhofsbuchhandlung Deutschlands geschaffen. Die entsprechende Buchhandelskette heißt heute Karl Schmitt&Co und ihre Filialen, besonders die unter Schmitt&Hahn firmierenden, gehören zu den eindrucksvollsten Bahnhofsbuch/Zeitschriftenläden Europas. Im Frankfurter Hauptbahnhof gibt es einen Schmitt&Hahn Bahnhofsbuchladen, der für Bahnhofsverhältnisse bereits gut sortiert ist. Der Zeitschriftenladen von Schmitt&Hahn im selben Bahnhof, der auch Bücher anbietet, übertrifft diesen jedoch mit einer beeindruckenden Fülle eines wahren Zeitungstempels.

☞ weitere gut sortierte Filialen finden sich in den Hauptbahnhöfen von Nürnberg (Schmitt& Hahn) und Karlsruhe (Karl Schmitt& Co)

13. Verkehrsbuchläden

<u>Alle Verkehrsträger</u>

Wede, Hamburg
Koreastr. 1

Diese Fachbuchhandlung im Hamburger Passagenviertel ist über 100 Jahre alt. Schwerpunkt ist die Schifffahrt, was sich auch am Angebot von Schiffsmodellen widerspiegelt. Aber auch Luftfahrt, Auto und Eisenbahn sind vertreten. Die wohl schönste Verkehrsfachbuchhandlung Deutschlands.

Wede, Hamburg

Donat, Duisburg
Ottilienplatz 6

Kleiner Verkehrsbuchladen mit Schwerpunkt Eisenbahn unweit des Duisburger Hauptbahnhofes.

☞ Im Duisburger Museum der Deutschen Binnenschifffahrt in der *Apostelstraße 84* betreibt Donat zudem einen Laden mit Büchern zur Binnenschifffahrt.

Weitere Verkehrsbuchläden

Germering (bei München)	Antiquariat für Verkehrswesen *Wifostr. 23*
Oslo	**Automobilia Bookshop** *Uranienborgveien 25*
Malmö	**Stenvalls** *Föreningsgatan 12*
London	**Ian Allan's Transport Bookshop** *45-46 Lower Marsh, South Bank*

Eisenbahnbuchläden

Stiletto, München
Schulstraße 19

Stiletto in München-Neuhausen nennt sich Fachbuch-
zentrum & Antiquariat und gehört zu den bestsortierten
Eisenbahnbuchläden Deutschlands, obwohl die Fläche mit
etwa 50 m^2 eher klein ist. Im Laden kann man sogar in einem
alten Eilzug-Sitz Platz nehmen.

Eisenbahn- und Verkehrsparadies, Stuttgart
Leuschnerstr. 35

Kleiner, mit Büchern dicht bepackter Laden in der west-
lichen Innenstadt Stuttgarts. Der Schwerpunkt liegt auf der
Eisenbahn (Bücher, Zeitschriften und Videos), aber
Liebhaber von Straßenbahnen, Bussen und LKWs kommen
ebenfalls auf ihre Kosten.

Weitere Läden mit Eisenbahnbüchern

Berlin	**Lokomotive, Berlin** *Regensburger Str. 25*
Berlin	**IGEB** (Interessenverband Eisenbahn, Nahverkehr und Fahrgastbelange Berlin e.V.) *Bahnhof Lichtenberg, Untergeschoss*

★ Collectio Navalis, Berlin
Grolmannstr. 59

Jens Genwuchs' Schifffahrtsbuchhandlung bietet antiquarische Bücher zum maritimen Schiffsverkehr und zur Eisenbahn. Zudem sind Schiffsminiaturen im Angebot. Der Katalog von Collectio Navalis umfasst etwa 10.000 Schiffsmodelle aus Zinnguss.

♆ Schiffsbuchhandlung Wolfgang Fuchs, Hamburg
Rödingsmarkt 29

Diese am Hamburger Hafen unweit der Landungsbrücken gelegene Schiffsbuchhandlung verfügt über das größte Schiffsphotoarchiv Deutschlands mit mehr als 400 000 Bildern, die den Zeitraum von 1870 bis heute abdecken.

Weitere nautische Buchhandlungen

Duisburg	**Museum der Deutschen Binnenschifffahrt** *Apostelstraße 84*
Hamburg	**HanseNautic, Hamburg** *Herrengraben 31*
Amsterdam	★ **Datema, Amsterdam** *Prins Hendrikkade 176/50*
London	**Maritime Books** *66 Royal Hill (Greenwich)*
Mailand	**La Libreria del Mare** Via Broletto 28
Palma de Mallorca	**Libraria Nautica Balear** *Aragon 28*
Paris	**Librairie de la Mer** *16, avenue Felix Faure*
Rom	★ **Il Mare** *Via di Ripetta 239*

Luftverkehr

✈ La maison du Livre Rodez- Aviation, Paris
75 blvd Malesherbes

Das Maison du Livre wurde bereits im Jahr 1900 gegrün-det und ist damit älter als die motorisierte Luftfahrt. An der Ladeneinrichtung hat sich seither nicht viel geändert, die oberen Reihen der hohen Buchregale erreicht man über Leitern. 1975 wurde ein erstes Regal mit Luftfahrtbüchern eingerichtet und seither hat sich der Laden zu einem Aeronautik-Fachbuchladen entwickelt.

★ Aviation Megastore, Aalsmeerderbrug
Molenweg 249

Dieser 1989 unweit des Amsterdamer Flughafens Schiphol eröffnete Laden hat 60.000 luftfahrtbezogene Artikel im Angebot, darunter neben Büchern viele Flugzeugmodelle.

Aviation Megastore, Aalsmeerderbrug

Weitere Luftfahrtbuchhandlungen

Hamburg	**Disch Fachbuchhandlung** *Popenbütteler Bogen 30*
Göteborg	**The Aviation Bookshop** *31-33 Vale Road, Tunbridge Wells, Kent TN1 1BS,*
Barcelona	**Aeroteca**, *C Montseny 22*
Genf	**La librairie de l'Aviation, Genf** *14, rue Lussignol*
Helsinki	**Aviation Shop** *Kajanuksenkatu 12*

14. Buchläden, welche es leider nicht mehr gibt

Heinrich Heine-Buchhandlung, Berlin, (1945-1994)
Bahnhof Zoo (Hardenbergstr.)

Bereits im Herbst 1945 wurde im Westberliner Bahnhof Zoo die Heinrich Heine-Buchhandlung mit einer Lizenz der Sowjetischen Stadtkommandantur eröffnet, als erste Buchhandlung nach dem Krieg. Von der Bahnhofshalle gab es keinen Zugang zum Laden, man konnte die Buchhandlung nur von der Hardenbergstraße unter der Eisenbahnbrücke erreichen. Der kleine, mit Büchern vollgestopfte Laden hatte in Westberlin unter Intellektuellen Kultstatus. Hier fanden sich gelegentlich Schauspieler vom nahen Theater des Westens zu einem Plausch ein, hier nahm man sich für den Kunden Zeit, auf Gewinn durch Konzentration auf Bestseller wurde hier wenig geachtet. Als bei der Sanierung des Bahnhofs Anfang der 1990er Jahre die Ladenlokale neu strukturiert wurden, forderte die Bahn als Vermieterin den Inhaber Hans Brockmann auf, den Laden zu einer richtigen Bahnhofsbuchhandlung zu entwickeln. Als 1992 eine erste Kündigung ins Haus flatterte, bot der Dramatiker Heiner Müller (1929-1995) an, jede Lokomotive zu küssen, damit der Laden bestehen bleiben konnte. Nachdem der engagierte Brockmann im Sommer 1994 starb, vermochten auch die Proteste Berliner Intellektueller die Schließung des Ladens im Dezember 1994 nicht mehr zu verhindern.

Agentur des Rauhen Hauses, Hamburg, (1844-1998)
Jungfernstieg 50

Das ‚Rauhe Haus' war einst ein vom Theologen und Sozialreformer Johann Hinrich Wichern gegründetes ‚Rettungsdorf' für verwaiste und verwahrloste Kinder, das vor den Toren Hamburgs lag. Heute ist daraus eine Einrichtung der Hamburger Diakonie geworden. 1841 richtete Wichern in der Hamburger Altstadt die Agentur des Rauhen Hauses als Botenstelle ein. 1844 gründete Wichern zudem einen Verlag und eine Buchhandlung, welche er in der Agentur ansiedelte. Im Zweiten Weltkrieg war die Buchhandlung eine Anlaufstelle für NS-kritische Hamburger Intellektuelle. Verschiedene Widerstandskreise der Weißen Rose Hamburg trafen sich im Keller der Buchhandlung. Auch viele Künstler fanden hier ein Refugium. Doch die Gestapo schleuste einen Agenten ein, der Leiter der Buchhandlung Reinhold Meyer wurde verhaftet, kam zunächst ins KZ Neuengamme und starb 1944 im Polizeigefängnis Fuhlsbüttel. 1960 wurde der Buchladen in *Buchhandlung am Jungfernstieg Anneliese Tuchel* umbenannt. 1998 wurde diese Buchhandlung geschlossen. Heute ist am ehemaligen Standort Jungfernstieg 50 eine Gedenktafel für die Weiße Rose angebracht

Kiepert, Berlin, (1897-2002)
Hardenbergstr.4-5

Kiepert, hervorgegangen aus einer 1897 gegründeten Buchhandlung und seit 1914 an der Hardenbergstraße ansässig (ab 1956 nach Kriegszerstörungen in einem Neubau), galt mit 4000 m^2 zeitweise als größter Buchladen Deutschlands. Für Generationen von Studenten war er ein wichtiger Anlaufpunkt im Westen der Stadt. Nach dem 100jährigen Firmenjubiläum 1997 wurde die etwas unübersichtliche Buchhandlung durch ein Café und einen Musikanbieter weiter vergrößert. Doch die wirtschaftliche Bilanz des Ladens verschlechterte sich weiter. Im Jahr 2002 musste er Insolvenz anmelden. Auf Teilflächen wurde Ende 2003 dann die Buchhandlung Lehmanns eröffnet, die mittlerweile ebenfalls geschlossen ist.

Taraxacum, Leer, (1979-2005)
Rathausstr. 23

Harry Rowohlt (*1945) nannte in seiner Biographie ,*In Schlucken-zwei-Spechte*' (2004) Taraxacum in Leer *'die schönste Buchhandlung Nordeuropas'*. 1998 wurde dem Laden bereits im Kursbuch 133 ein literarisches Denkmal gesetzt. Doch das Lob half nichts. Die 1979 von Michael Wübbelsmann gegründete Buchhandlung schloss zum 31. Dezember 2005 wegen fehlender Kunden ihre Pforten.

C.L. Krüger, Dortmund, (1828-2009)
Krügerpassage

Am 24. Januar 2009 schloss *Buch Krüger* in der Krüger-passage in der Dortmunder Innenstadt. Im Jahr 2006 wurde Buch Krüger der *Mayerschen* Buchhandlung übernommen. Doch diese besaß bereits in der Nähe eine Filiale und nachdem kein neuer Mietvertrag zustande kam, wurde *Buch Krüger* geschlossen. Damit ging einer der schönsten Buchläden Deutschlands verloren. Mittlerweile sitzt in den Räumlichkeiten eine Parfümerie, die manchmal 'schönste Parfümerie Europas' genannt wird. *Schönster Buchladen Europas* wäre ein noch schönerer Beiname gewesen.

Oscar Wilde, New York (1967-2009)
Christopher Street

Oscar Wilde, vom amerikanischen Schwulen-Aktivist Craig Rodwell 1967 im heute schicken und gentrifizierten New Yorker Stadtviertel Greenwich Village gegründet, war der erste schwul-lesbische Buchladen weltweit. Von der Mercer Street zog der Laden 1973 in die Christopher Street um, nach der heute die schwule Christopher Street Parade benannt ist. In der Christopher Street lag einst auch die Stonewall Inn, wo eine Polizeirazzia im Juni 1969 gewalttätige Demonstrationen gegen die Polizei auslöste, die Stonewall Riots, ein wichtiger Meilenstein im Kampf um die Rechte schwuler Bürger. Im Herbst 2009, ein Jahr nach der Insolvenz von Lehman Brothers, musste in der US-Wirtschaftskrise auch Oscar Wilde für immer die Türen schließen.

Mora, Salzburg (1908-2010)
Residenzplatz

Im Bildband ‚Die schönsten Buchhandlungen Europas', erschienen im Juli 2010, wird Mora auf 6 Seiten gewürdigt. In der Salzburger Traditionsbuchhandlung, die, passend zum Festspielpublikum, auch Musikalien anbot, verkehrten einst Schriftsteller wie Georg Trakl, Ernst Zuckmayer und Thomas Bernhard. Doch bereits 2 Monate nach Erscheinen des Bildbandes schloss die Buchhandlung für immer ihre Pforten.

Borders, Ann Arbor (1971-2011)
612, Liberty Street

Borders, 2011 in Konkurs gegangen, war die (nach Barnes&Noble) zweitgrößte Buchhandelskette der USA. Firmensitz war die Universitätsstadt Ann Arbor in Michigan, wo Borders 1971 als kleiner Second Hand-Buchladen von den Brüdern Louis und Tom Borders gegründet wurde. Auch der Flagship Store (Borders Store # 1) und mit 4000 m^2 der größte Buchladen der Kette, fand sich dort, musste aber im Sommer 2011 Schließen.

The travel bookshop, London (1979-2011)
Blenheim Crescent, Notting Hill

The travel bookshop im Londoner Stadtviertel Notting Hill war eigentlich ein eher unscheinbarer Reisebuchladen. Trotzdem besuchen ihn immer wieder japanische Touristinnen oder lassen sich vor dem Laden ablichten. Grund dafür war der 1999 gedrehte Film *Notting Hill*, in welchem der Frauenschwarm Hugh Grant einen Londoner Buchhändler spielt. Dieser wurde auch im *travel bookshop* gedreht, welcher im Film als Grant's Buchladen herhalten musste. Trotz Rettungsversuchen prominenter Unterstützer schloss der travel bookshop im September 2011 endgültig seine Pforten. Allerdings besteht in den gleichen Räumlichkeiten weiterhin ein Buchladen, nur mit anderem Namen und Schwerpunkt.

Eleftheroudakis, Athen (1898-2016)
Nikis 4
Im Jahre 1898 begann Kostas Eleftheroudakis mit den aus Bayern stammenden Inhabern Beck und Barth des Internationalen Buchladens von Athen zusammenzuarbeiten. Ein paar Jahre später übernahm Eleftheroudakis den Laden der beiden Deutschen. Der Buchladen wurde in den Folgejahrzehnten zu einem Nabel des intellektuellen Lebens Athens und Kostas Eleftheroudakis selbst produzierte 1924-1928 mit der Eleftheroudakis-Enzyklopädie einen Meilenstein der neuzeitlichen griechischen Buchproduktion. 1973 wurde die erste Filiale eröffnet und im Laufe der Zeit entwickelte sich Eleftheroudakis zur führenden griechischen Buchhandelskette. Im Jahr 2016 musste Eleftheroudakis schliessen.

⚏ Zweitausendeins, Frankfurt (1969-2017)
Am Kornmarkt 14 (Parkhaus Hauptwache)
Die Buchhandlung Zweitausendeins wurde 1969 in Frankfurt von Lutz Reinecke und Walter Treumann gegründet. Erster Ladenstandort war am Parkhaus Hauptwache (unweit der Zeil). Später kamen in anderen Großstädten 13 weitere Läden dazu. Zwischendurch gab es mehr als dreißig Kooperationen mit anderen Buchläden, in denen im Rahmen eines Shop-in-Shop-Konzeptes eine Auswahl des Zweitausendeins-Programms erhältlich war. Doch nach

2010 schrumpfte Zweitausendeins stark und 2017 wurde die letzte Filiale in Frankfurt geschlossen.

Andere Läden, welche in den letzten Jahren schlossen

Ende 2010 schloss in Hamburg die Krimibuchhandlung Heiner K. Im Januar 2011 gab die Bonner **Gilde**-Buchhandlung nach 81-jährigem Bestehen auf. In Brüssel schloss im Mai 2011 der **Posada Art Shop**, vom Guardian einst zu den 10 schönsten Buchläden der Welt gerechnet.
Mittlerweile sind gerade die großflächigen Filialisten von der durch E-books und den Onlinebuchhandel ausgelösten Krise des stationären Buchhandels betroffen. Zu den prominenten Filialschließungen seit 2011 gehören:
Hugendubel:
Salvatorplatz München
Ludwigsplatz, Nürnberg
Tauentzienstr., Berlin
Citypoint, Kassel;
Buch Habel, Krefeld
Königstraße, Stuttgart
Mayersche:
Köln, Schildergasse,
Bahnhofspassage, Essen
Ruhrpark, Bochum
Weststr., Hamm
Lüdenscheid
Thalia
Hamburg, Große Bleichen; Bremen, Sögestr.
Bouvier, Bonn
Baedekerhaus und Kettwiger Str, Essen
Westenhellweg, Dortmund

Die 20 bedauerlichsten Verluste der letzten 10 Jahre

Taraxum, Leer, 2005

Krüger, Dortmund, 2009

Oscar Wilde, New York, 2009

Mora, Salzburg, 2010

Borders, Ann Arbor, 2011

Voyageurs du Monde, Marseille, 2011

Posada Art Shop, Brüssel, 2011

The travel bookshop, London, 2011

Regards Charité, Marseille, 2011

Hugendubel Salvatorplatz, München, 2012

Goltz, München, 2012

Freytag&Berndt, Graz, 2012

Thalia Neumarkt, Köln, 2013

Thalia Dortmund Westenhellweg, 2013

Gleumes Landkarten, Köln 2013

Bouvier, Bonn, 2013

Buch Gourmet, Köln, 2013

Atlas Travel Shop, Bern, 2013

Flügelrad, Berlin, 2014

Thalia Große Bleichen, Hamburg, 2014

Stern-Verlag, Düsseldorf, 2016

Eleftheroudakis, Athen, 2016

Zweitausendeins, Frankfurt, 2017

Landkartenhaus, Frankfurt, 2019

Anhang

Ausgewählte Buchhandlungen nach Städten
(die 100 schönsten Europas sind mit einem Stern
gekennzeichnet ★, weitere schöne Buchhandlungen in
Deutschland mit ☆)

Deutschland

Berlin	
Berlin-Mitte (mit Potsdamer Platz)	
Antiquariat	**Antiquariat im Hufelandhaus** Hegelplatz 1 (S: Friedrichstr.) Mo-Fr 11-18:30 www.lange-springer-antiquariat.de
Berlin	**Berlin Story** Unter den Linden 40 (S.: Friedrichstr.) Mo-So 10-19 www.berlinstory.de
Allgemeines Sortiment	**Dussmann Kulturkaufhaus** Friedrichstr. 90, S-Bahn: Friedrichstr. Mo-Sa 10-24 www.kulturkaufhaus.de
Allgemeines, Literatur	**Ocelot** Brunnenstr. 181 Mo-So 10-20 www.ocelot.de
Kunst	**Walther König, im Gropiusbau** ☆ Niederkirchnerstr. 7 (S: Potsdamer Platz) Mo-Sa 10-20 www.buchhandlung-walther-koenig.de
Comics	**Grober Unfug** Weinmeisterstr. 9b Mo-Fr 11-19, Sa 11-18 www.groberunfug.de

Kunst	**Walther König** ★ Burgstr. 27 (an der Museumsinsel) Mo-Sa 10-20 www.buchhandlung-walther-koenig.de
Architektur, Politik	**Pro qm** ☆ Almstadtstr. 48-50 U: Rosa-Luxemburg-Pl Mo-Sa 11-20 www.pro-qm.de
Kunst	**Taschen Store** ☆ Friedrichstr. 180-184 (U: Französ. Str.) Mo-Sa 10-20 www.taschen.com
Charlottenburg	
Literatur	**Autorenbuchhandlung** ☆ Else-Urybogen 599-600 Mo-Fr 10-20, Sa 10-19 www.autorenbuchhandlung.com
Architektur, Kunst	**Bücherbogen am Savignyplatz** ★ Stadtbahnbogen 593, S-Bahn: Savignyplatz Mo-Fr 10-20, Sa 10-18 www.buecherbogen.com
Schifffahrt	**Collectio Navalis** ★ Grolmanstr. 59, (S: Savignyplatz) Di-Fr 11-18, Sa 11-14 www.collnav.de
Allgemeines Sortiment	**Hacker&Presting** ☆ Leonhardstr. 22 Mo-Fr 9:30-18-30 (Do-20, Sa -15) www.hacker-presting.de
Allgemeines Sortiment	**Marga Schoeller Bücherstube** Knesebeckstr. 33,(S-Bahn: Savignyplatz) Mo-Mi 9:30-19, Do-Fr 9:30-20, Sa 9:30-18 www.margaschoeller.de
Reise, Landkarten	**Schropp Land+Karte** Hardenbergstr. 9a Mo-Fr 10-20, Sa 10-18 www.schropp.de

Schöneberg	
Reise	**Chatwins** Goltzstr. 40, U: Eisenacher Str. Mo-Fr 10-20, Sa 10-16 www.chatwins.de
Schwule, Lesben	**Prinz Eisenherz** Lietzenburger Str. 9a, U: Augsburger Str. Mo-Sa 10-20 www.prinz-eisenherz.com
Kreuzberg	
Allg. Sortiment	**Buchhandlung Moritzplatz** ☆ Prinzenstr. 85 Mo-Fr 10-20, Sa 10-18 Buchhandlung-moritzplatz.de
Antiquariat	**Antiquariat Herold** ★ Bremer Str. 64, U: Mehringdamm Mo-Fr 14-18, Sa 11-15
Antiquariat *(Englischspr.)*	**Another Country** ☆ Riemannstr. 7 Di-Fr 11-20, Sa-So 12-16 www.anothercountry.de
Comics	**Grober Unfug** Zossener Str.33, Mo-Fr 11-19, Sa 11-18 www.groberunfug.de
Comics	**Modern Graphics** Oranienstr. 22, Mo-Fr 11-20, Sa -19:30 www.modern-graphics.de
Literatur	**Kisch & Co** ☆ Oranienstr. 25, Mo-Fr 10-20, Sa -18 Kisch-online.de
Design, Kunst	**Motto** Skalitzer Str. 68 (im Hinterhof) U1: Schlesisches Tor, Di-Sa 12-20 mottodistribution.wordpress.com
Literatur	**Zabriski** Manteuffelstraße 73 Mo-Sa 12-19 https://zabriskie.de

Prenzlauer Berg	
Berlin, Literatur, Kunst	**Buchbox!** Kastanienallee 88, U: Eberswalder Str. Mo-Sa 10-20, So 13-17 www.buchboxberlin.de
Allgemein	**Georg Büchner Buchladen** Wörther Str. 16 Mo-Sa 10-19 www.georgbuechnerbuchladen.berlin
Kulinarik	**Goldhahn&Sampson** ☆ Dunckerstr. 9, S-Bahn: Prenzlauer Allee Mo-Fr 8-20, Sa 10-20 www.goldhahnundsampson.de
Allg. Sortiment	**Uslar &Rai** Schönhauser Allee 43 Mo-Fr 10-19, Sa 10-18 www.uslarundrai.de
Berlin- Andere Stadtteile	
Allgemeines Sortiment	**Schleichers Buchhandlung** Königin-Luise Str. 41 (Dahlem) 14195 Berlin (Nähe FU Berlin) www.schleichersbuch.de
Allg. Sortiment	**Buchkantine** Essener Str. 11 10555 Berlin Mo-So 9:30-20 www.buchkantine.de
Alsfeld	
Allg. Sortiment	**Lesenswert** ★ Markt 3, 36304 Alsfeld Mo-Fr 9-18, Sa 9-14 www.buch-2000-alsfeld.de
Arenshoop	
Allg. Sortiment	**Bunte Stube** Dorfstr. 24, Mo-Sa 10 -18:30, So 13-17 www.bunte-stube.de

Bad Bergzabern	
Antiquariat	**Antiquariat Wilms** Marktstr. 14 Mo-Fr 9-13:30, 14:30-18, Sa 9-13:30 www.antiquariat-wilms.de
Bonn	
Antiquariat	**Buchcafé Antiquarius** Bonner Talweg 14, Stadtbahn: Königstr. D-So 10-20 (Café) www.buch-antiquarius.de
Literatur	**Böttger ★** Maximilianstraße 44, U: Hauptbahnhof Mo-Fr 11-19, Sa 10-15 www.buchhandlung-boettger.de
Literatur, Geistes- wissenschaft	**Buchladen 46** Kaiserstr. 46, U: Hauptbahnhof Mo-Fr 10-19, Sa 10-16 www.buchladen46.de
Allgemein	**Thalia Metropol ☆** Markt 24, Mo-Sa 9:30-20 www.thalia.com
Braunschweig	
Antiquariat	**Antiquariat am Burgplatz ★** Burgplatz, Di-Sa 10-18 38100 Braunschweig
Darmstadt	
Esoterik	**Schirner** Elisabethenstr.20-22, Mo-Sa 9:30-19:30 www.schirner.com
Dinslaken	
Allgemeines Sortiment	**Buchhandlung Korn** Eppinghovener Str 24 (Am Altmarkt) www.buchhandlung-korn.de

Dresden	
Reise	**Der Reisebuchladen** Louisenstr. 38, 01099 Dresden (Neustadt) Mo-Fr 11-19, Sa 11-14 www.der-reisebuchladen.de
Alles über Dresden	**Dresden Buch** Neumarkt 1, QF Passage, Untergeschoss Mo-Sa 10-19 www.ddbuch.de
Kunst	**Walther König Residenz ★** Taschenberg 2 Mi-Mo 10-19 www.buchhandlung-walther-koenig.de
Duisburg	
Verkehr	**Donat** Ottilienplatz 6 Mo-Fr 12-18:30, Sa 10-15 www.buchhandlung-donat.de
Literatur	**Scheuermann** Sonnenwall 30 Mo-Fr 9:30-18:30, Sa 9:30-16:00 www.scheuermann.de
Düsseldorf	
Allgemeines Sortiment	**Mayersche Droste ★** Königsallee 18 (U: Königsallee) Mo-Fr 10-20, Sa 9:30-20 www.mayersche.de
Literatur	**Müller und Böhm ★** Bolkerstr. 53, Innenstadt Mo-Fr 10-19, Sa 10-18 www.literaturmueller.de
Essen	
Literatur	**Proust Wörter & Töne ☆** Am Handelshof 1 Mo-Fr 10-20, Sa 10-16 www.buchhandlung-proust.de

Esslingen	
Comics	**Sammlerecke** Daimlerstr. 8, 73734 Esslingen Mo-Fr 10-18, Sa 10-13 www.sammlerecke.de

Frankfurt	
Literatur	**Autorenbuchhandlung Marx &Co** Grüneburgweg 76 (Westend, Uni-Nähe) Mo-Fr 9-19, Sa 9-15 www.autorenbuchhandlung-marx.de
Unibuchhand-lung	**Karl-Marx-Buchhandlung** Jordanstr. 11 Mo-Fr 9-18:30, Sa 10-14:00 www.karl-marx-buchhandlung.de
Esoterik *(*erster Esoterikbuch- laden in D*)	**Middle Earth** Leipziger Str 12 Mo-Fr 10-19, Sa 10-16 www.middleearth-buchhandlung.de/
Allgemeines Sortiment	**Schutt** Arnsburger Str. 76 Mo-Fr 9-19, Sa 9-16 www.buchhandlung-schutt.de
Krimi	**Wendeltreppe** Brückenstr. 34 (Sachsenhausen) Mo-Fr 10-13, 14-19, Sa 10-14 www.die-wendeltreppe.de
Allgemeines	**Hugendubel** Steinweg 12 Mo-Mi 9:30-20, Do-Sa 9:30-21 www.hugendubel.de

Freiberg	
Wissenschaft	**Akadem. Buchhandlung Freiberg** Merbachstr , Mo-Fr 9-18:30, Sa 9-12, www.aka-buch.de
Allg. Sortiment	**Glückauf ☆** Obermarkt 6 Mo-Fr 8-18, Sa 9-14 www.glueckaufbuch.buchhandlung.de

Freiburg	
Reisebücher und Karten	**Landkartenhaus Freiburg** ☆ Schiffstr. 6, Mo-Fr 9:30-19, Sa 9:30-18 www.landkartenhaus-voigt.de
Literatur	**Zum Wetzstein** ★ Salzstr. 31, Mo-Fr 9-13, 14-18:30, Sa 9-15 www.buch-wetzstein.de
Greifswald	
Akadem. Buchhandl.	**Rats&Universitätsbuchhandlung** ☆ Lange Str. 77, Mo-Fr 9-19, Sa 9:30-16 Rats-unibuch.de
Gütersloh	
Allgemein, Literatur	**Markus** ★ Münsterstr. 9, Mo-Fr 9:30-19, Sa 9:30-16 www.buchhandlung-markus.de
Hannover	
Literatur	**Litera** Jakobistr. 12, Mo-Fr 10-18, Sa 10-13:30 www.litera-hannover.de
Heidelberg	
Antiquariat	**Hatry** ★ Hauptstr. 119, Mo-Sa 10-20
Allgemein	**Schmitt&Hahn** ☆ Hauptstr. 8, Mo-Sa 9-20 www.buchhandlung-schmitt.de
Literatur	**Wortreich** Blumenstr. 25 Mo-Fr 10-18:30, Sa 10-14 www.wortreich-hd-de

Hamburg	
Kunst, Literatur	**Felix Jud ★** Neuer Wall 13, 20099 Hamburg Mo-Fr 10-18, Sa 10-16 www.felix-jud.de
Literatur	**Bücherstube Stolterfoht** Rotenbaumchaussee 100
Geographie Reisen,	**Dr. Götze Land &Karte ★** Alstertor 14-18, 20095 Hamburg Mo-Fr 10-19, Sa 10-18 www.mapshop-hamburg.de
Kulinarik	**Kochkontor Hamburg** Karolinenstr. 27, 20357 Hamburg Mo-Fr 10-19, Sa 10-16 www.koch-kontor.de
Literatur	**Buchhandlung Samtleben** Schwanenwik 38, 22087 Hamburg Mo-Fr 11-19, Sa 11-16 www.buchhandlung-samtleben.de
Architektur	**Sautter &Lackmann ★** Admiralitätsstraße 71/72 Mo- Fr 10-19, Sa 10-18 www.sautter-lackmann.de
Nautik	**Schiffsbuchhandlung Fuchs ☆** Rödingsmarkt 29 Mo-Fr 9:30-18:30, Sa 9:30-14:30 www.hafenfuchs.de
Nautik	**HanseNautic ★** Herrengraben 31, (U3: Baumwall) Mo-Fr 10-18, Sa 10-13, www.hansenautic.de
Literatur	**Stories ☆** Straßenbahnring 17 (Eppendorf) Mo-Fr 9-19, Sa 10-17 www.stories-hamburg.de
Verkehr	**Wede** Koreastr. 1, 20457 Hamburg Mo-Sa 10-18:30 h www.wede-buch.de

Karlsruhe	
Reise	**Reisebuchladen Karlsruhe** Herrenstraße 33, 76133 Karlsruhe Mo-Fr 9-19, Sa 9-16 www.reisebuchladen-karlsruhe.de
Kiel	
Reise	**Geobuchhandlung Kiel** Schülperbaum 9, 24103 Kiel Mo-Fr 10-18:30, Sa 10-15 www.geobuchhandlung.de
Köln	
Krimis	**Alibi Krimibuchhandlung** Limburgerstr. 9, Mo-Fr 10-19, Sa 10-18 www.alibikrimi.de
Literatur	**Klaus Bittner** Albertusstr. 6, 50667 Köln Mo-Fr 10-19, Sa 10-18 www.bittner-buch.de
Reise	**Buchhandlung im Globetrotter** ☆ Richmodstr. 10 Mo-Sa 10-21 www.globetrotter.de
Allgemein	**Ludwig im Hauptbahnhof** Mo- Fr 5-22, Sa 6-22, So 7-22 www.lesen-mit-ludwig.de
Allgemein	**Lengfeld'sche Buchhandlung** Kolpingplatz 1 www.lengfeldsche.de
Photographie	**Schaden** Albertusstr. 4, 50667 Köln Mo-Fr 12-19, Sa 11-16 www.schaden.com
Kunst	**Walther König** ★ Ehrenstr. 4, 50672 Köln Mo-Mi 10-19, Do-Fr 10-20, Sa 10-19 www.buchhandlung-walther-koenig.de

Koblenz	
Allg. Sortiment	**Reuffel** ☆ Obere Löhr 92 (Nähe Hauptbahnhof) Mo-Fr 9-19, Sa 9-18 www.reuffel.de

Konstanz	
Allg. Sortiment	**Bücherschiff** ☆ Paradiesstr. 378462 Konstanz Mo-Fr 9-19 (Do-20), Sa 9-18 www.buecherschiff.de

Leipzig	
Allgemeines Sortiment	**Connewitzer Verlagsbuchhandl.** ☆ Schuhmachergäßchen 4 (Innenstadt) Mo-Fr 10-19, Sa 10-18 www.cvb.de
Reise	**Reisefibel** ☆ Markgrafenstr.5 (Innenstadt) Mo-Fr 10-19, Sa 10-16 www.reisefibel.de
Allgemein, Eisenbahn	**Ludwig im Hauptbahnhof** ★ Willy Brandt-Platz 5 (Hauptbahnhof) Mo- Fr 5-22, Sa 6-22, So 7-22 www.lesen-mit-ludwig.de

Mainz	
Literatur	**Dom-Buchhandlung** Markt 24-26 www.dombuchhandlung-mainz.de

Marbach am Neckar	
Politik	**Die Taube** ★ In der Wendelinskapelle, Marktstr. 2 Mo-Fr 9:30-18, Sa 10-13 www.buchhandlung-taube.de

Maria Laach	
Christliche Literatur	**Buch- und Kunsthandlung** Benediktinerabtei Maria Laach Mo-Fr 9-19, Sa, So 10-19 www.maria-laach.de/buchundkunsthandlung.php

München	
Musikalien	**Bauer&Hieber** ☆ Landschaftstr. 1 (im Rathaus) Mo-Fr 9:30-19, Sa 9:30-18 www.bauer-hieber.com
Literatur	**Lehmkuhl** Leopoldstr. 45 (U: Münchner Freiheit) Mo-Fr 9:30-20, Sa 9:30-18 www.lehmkuhl.net
Sortiment	**Lentner** ☆ Marienplatz 8 (Rathaus, U: Marienplatz) Mo-Fr 9:30-19:30, Sa 9:30-18:00 www.buchlentner.de
Literatur	**Literatur Moths** ☆ Rumfordstr. 48 (S: Isartor) Mo-Fr 10-19, Sa 10-16 www.li-mo.com
Architektur, Kunst	**Buchhandlung Werner** Türkenstr. 30 Mo-Fr 10-19, Sa 10-18 www.buchhandlung-werner.de
Frauenbuch- laden *(Erster in D)*	**Lillemors** Barerstr. 70 (U: Universität) Mo-Fr 10-19, Sa 10-15 www.frauenliteratur.de
Kunst	**Walther König im Haus der Kunst** ☆ Prinzregentenstr. 1 Mo-So 10-20, Do -22 www.buchhandlung-walther-koenig.de
Design	**Soda** ☆ Rumfordstr. 3 (S-Bahn: Isartor) Mo-Fr 10-19, Sa 10-18 www.sodabooks.com
Eisenbahn	**Stiletto** Schulstr. 19 (U: Rotkreuzplatz) Mo-Fr 9:30-18, Sa 9:30-13 www.bahnbuch.de

Münster	
Allg. Sortiment	**Poertgen Herder (Thalia)** Salzstr. 56, Mo-Sa 9-20 www.thalia.de
Antiquariat	**Antiquariat Solder** ☆ Frauenstr. 49/50 Di-Fr 11-14, 14-18, Sa 11-14 www.antiquariat-solder.de
Nürnberg	
Allg.Sortiment *(*älteste Buchhandlung Deutschlands)*	**Korn & Berg** ★ Hauptmarkt 9, 90403 Nürnberg Mo-Fr 9:30-18:30, Sa 9:30-18:00 www.kornundberg.de
Allg. Sortiment	**Buchhandlung Jakob** Hefnersplatz 8, Mo-Sa 10-19 www.buch-jakob.de
Allg. Sortiment	**Thalia Buchhaus Campe** ★ Karolinenstr. 53 Mo-Sa 10-20, www.thalia.de
Oldenburg	
Allg. Sortiment, Fachbuch	**Thye** ☆ Schlossplatz 21-22 Mo-Fr 9:30-18:30, Sa 9:30-16:00 www.schweitzer-online.de
Antiquariat	**Buchstabei** Ofener Str. 31 Mo-Fr 10-13, 14:30-18, Sa 10-13 www.buchstabei.de
Quedlinburg	
Sortiment, Antiquariat	**Gebecke** ☆ Pölkenstr. 3, 06484 Quedlinburg Mo-Fr 9-18:30, Sa 9:30-13 www.antiquariat-gebecke.de
Regensburg	
Literatur	**Atlantis** Wahlenstr. 8

	Stade
Architektur	**Friedrich Schaumburg ★** Große Schmiedestr. 27 Mo-Fr 9-18:30, Sa 9-15 www.schaumburg-buch.de

	Stuttgart
Architektur	**Rita Limacher ☆** Königstr. 28, Königsbau, Mo-Fr 10-20, Sa 10-18, www.limacher.de

	Tübingen
Antiquariat *(Wo Herrmann* *Hesse eine* *Lehre machte)*	**J.J. Heckenhauer** Holzmarkt 5 Do-Fr 14-18, Sa 11-15 www.heckenhauer.net
Allg. Sortiment, Geisteswiss.	**Gastl** Am Lustnauer Tor 7 Mo-Fr 9:30-19, Sa 10-15 www.gastl-buch.de

	Ulm
Literatur	**Aegis Literatur Rasmus Schöll** Breite Gasse 2 Mo-Fr 9:30-19, Sa 9-17

	Velbert (Ortsteil Langenberg)
Antiquariat	**Antiquariat ‚Im Honnes'★** Hellerstr. 12, Velbert-Langenberg Di-So 11-18 www.antiquariat-im-honnes.de

	Würzburg
Literatur	**Buchhandlung 13 1/2** Eichhornstr. 13 1/2, Mo-Fr 9-19, Sa 9-14 www.dreizehn-einhalb.de

	Wuppertal
Reise	**Baedeker Land+Karte ☆** Friedrich-Ebertstr. 31 Mo-Fr 9:30-19, Sa 9:30-16 www.baedeker-buecher.de

Österreich

Salzburg	
Allg.Sortiment *(älteste* *Buchhandlung* *Österreichs)*	**Höllrigl** ★ Sigmund-Haffner-Gasse 10 5026 Salzburg Mo-Fr 9-18, Sa 9-17
Graz	
Allg. Sortiment	**Büchersegler** Mariahilferplatz 5 Mo-Fr 10-18:30, Sa 10-14 www.buechersegler.at
Innsbruck	
Allg. Sortiment	**Haymon**★ Sparkassenplatz 4, A-6020 Innsbruck Mo-Fr 9:30-18, Sa 9:30-17 www.haymonverlag.at
Klagenfurt	
Allg. Sortiment	**Heyn** Kramergasse 2 Mo-Fr 9-18, Sa 9-12 www.heyn.at
Wien	
1. Bezirk (Innenstadt)	
Antiquariat	**Antiquariat Burgverlag** ★ Burgring 1+3, Mo-Fr 10-13, 14-18 www.burgverlag.com
Allgemeines Sortiment	**Aichinger, Bernhard & Co** ★ Weihburggasse 16 www.abc-wien.at
Musikalien	**Doblinger Musikhaus** Dorotheergasse 10 Mo-Fr 9:30-18:30, Sa 10-13 www.doblinger.at
Reise	**Freytag&Berndt** Reisebuchhandlung Wallnerstr. 3 , Mo-Fr 9:30-19, Sa 9:30-18 www.freytagbendt.at

Recht	**Manz** Kohlmarkt 16, Mo-Fr 9:30-18:30, Sa -17 www.manz.at
Allgemeines Sortiment	**Morawa** Wollzeile 11, Mo-Fr 9-19, Sa 9-18 www.morawa.at
Antiquariat	**Nebehay Christian ★** Annagasse 18 (und Seilergasse 16) Mo-Fr 9-13, 14-18 www.nebehay.at
Allg. Sortiment	**ÖBV Buchhandlung** Schwarzenbergstr. 5 Mo-Fr 9-18:30, Sa 10-17 www.oebv.net
Universitäts-buchhandlung und Antiquariat	**Schaden** Sonnenfelsgasse 4, Mo-Sa 9:30-18:30 www.buch-schaden.at
Kunst, Photographie, Design	**Wolf Lia** Bäckerstraße 2 (Innenhof) Mo-Fr 10-13, 14-18, Sa 10-17 www.wolf.at
Wien - andere Bezirke	
Allgemeines Sortiment, Literatur	**Anna Jeller ★** Margaretenstr. 35, 1040 Wien Mo-Fr 10-19, Sa 9:30-13 www.annajeller.at
Allgemeines Sortiment	**Eckart Buchhandlung** Josefstädter Str. 34, 1080 Wien Mo-Fr 9-18:30, Sa 9:30-12
Biologie (Entomologie)	**Dr. Hildegard Winkler** **Buchhandlung für Entomologie** Dittesgasse 11, 1180 Wien Mo-Fr 10-12, 15-17 www.entowinkler.at
Kochbücher	**Babette's Spice & Cooks for Books** Schleifmühlgasse 17, 1040 Wien Mo-Fr 10-19, Sa 10-17 www.babettes.at

Schweiz

Baden	
Allg. Sortiment	**Librium** Theaterplatz 4 Mo-Fr 9-19, Sa 8-17 www.librium.ch
Basel	
Antiquariat	**Erasmushaus- Haus der Bücher** ★ Bäumleingasse 18 Nur nach Vereinbar, Tel +41 61 228 99 44 www.erasmushaus.ch
Bern	
Sortiment	**Stauffacher** ★ Neuengasse 25-37 Mo-Fr 9-18 :30 (Do-21-, Sa 8-16) www.stauffacher.ch
Literatur	**Zum Zytglogge** ★ Hotelgasse 1 Mo 12-18:30, Di-Fr 9-18:30, Sa 9-16 www.zytglogge-buchhandlung.ch
Allg. Sortiment, Eisenbahn	**Sinwel** Lorrainestr. 10, CH-3013 Bern Mo 14-18:30, Di-Fr 9-18:30, Sa 9-16 www.sinwel.ch
Genf	
Luftfahrt	**La Librairie de l'aviation** 14, rue Lissignol Di-Fr 10-18 :30, Sa 10-17 www.aerodif.ch
Lausanne	
Allg. Sortiment	**Librairie La Fontaine** Rolex Learning Center, EPFL Mo-Fr 9-18:30, Sa 10-15:00 www.rolexlearningcenter.epfl.ch
St. Gallen	
Allg. Sortiment	**Buchhandlung zur Rose** Gallusstr. 18 www.klosterplatz.ch/rose

Zürich	
Antiquariat	**Altstadt Antiquariat** **Rita H.Schnellmann**★ Oberdorfstr. 10
Reise, Literatur	**Alfred Barth** Bahnhofstr. 94 Mo-Fr 8-20, Sa 8-18 www.barthbuch.ch
Allg. Sortiment	**Buchhandlung Beer AG** ★ St. Peterhofstatt 10, CH-8022 Zürich Mo-Fr 9-18:30, Sa 9-16 www.buch-beer.ch
Literatur	**Buchhandlung am Helvetiaplatz** Stauffacherstr. 60 Mo 12-18:30, Di-Fr 9-18:30, Sa 10-17 www.helvetiabuch.ch
Literatur	**Calligramme** ★ Mi 14-18:30, Do-Fr 11-18:30, Sa 10-16 Häringstr. 4
Allg. Sortiment	**Orell Füssli am Bellevue** Theaterstr. 8 Mo-Fr 9-20, Sa 9-18 www.books.ch
Reise, Berge	**Piz Buch &Berg** Müllerstr. 25 Di-Fr 10-13, 14-18:30, Sa 10-16 www.pizbube.ch
Allg. Sortiment	**Sec 52** Josefstr. 52 Mo-Fr 10-18:30, Sa 10-17 www.sec52.ch
Reise, Geographie	**Travel Book Shop** ★ Rindermarkt 20 CH-8001 Zürich (Niederdorf) Mo 13-18:30, Di-Fr 9-18:30, Sa 9-17 www.travelbookshop.ch

Niederlande

Amsterdam	
Englisch-sprachige Bücher	**American Book Center** ★ Spui 12 Mo-Sa 10-20, So 11-18:30 www.abc.nl
Allgemeines Sortiment	**Atheneaum Boekhandel** ★ Spui 14-16 Mo 11-18, Di-Sa 9:30-18 (Do-21), So 12-17:30 www.athenaeum.nl
Kunst	**Boekie Woekie** Berenstraat 16, 1016 GH Amsterdam Mo-So 12-18 www.xs4all.nl/~boewoe/
Architektur, Kunst	**Mendo** ★ Berenstraat 11, 1016 GG Amsterdam Mo-Sa 12-17:30, So 13-17 www.mendo.nl
Reise, Geographie	**Pied à terre** ★ Overtoom 135-137, 1054 HG Amsterdam Mo 13-18, Di-Fr 10-18, Sa 10-17 www.jvw.nl
Nautik	**Datema** ★ Prins Hendrikkade 176/50 Mo-Fr 10-18, Sa 10-17 www.datema-amsterdam.nl
Aalsmeerderbrug	
Luftfahrt	**Aviation Megastore** ★ Molenweg 249, Aalsmeerderbrug Mo-Fr 10-18, Sa 10-17 www.aviationmegastore.com
Groningen	
Reise	**De Zwerver** Oude Kijk in ,t Jaatstraat 43-45 Mo 13-18, Di –Fr 10-18 (Do-21), Sa 10-17 www.dezwerver.nl

Den Haag	
Reise, Geographie	**Stanley&Livingstone** Schoolstraat 21 Mo 12-18, Di-Fr 10-18, Sa 10-17, So 13-17 www.stanely-livingstone.nl
Leiden	
Reise	**Zandvliet** Stille Rijn 13 Mo 13-18, Di –Fr 10-18, Sa 10-17 www.zandvlietleiden.nl
Maastricht	
Allg. Sortiment	**Polare Dominicanen** ★ Dominicanerstraat 1 Mo 10-18, Di-Fr 9-18 (Do -21), So 12-17 www.selmexyz.nl
Utrecht	
Reise	**Reisboekhandel Interglobe** Vinkenburgstraat 7, Utrecht Mo 13-18, Di-Fr 10-18 (Do -21), So 12-17 www.interglobetravel.nl
Allg. Sortiment	**Polare** Oudegracht 121 Mo-Sa 9:30-18 (Mo 11-, Do-21) www.deslegte.com
Zwolle	
Allg. Sortiment	**Wanders**★ Achter de Broeren 1-3 (Kirche) Mo-Sa 10-18:30, Do -21:00 www.wandersindebroeren.nl

Belgien

(die 10 schönsten sind mit einem ★ gekennzeichnet)

Antwerpen	
Architektur Kunst Design	**Copyright** Nationalestraat 28a, 2000 Antwerpen Di-Sa 11-18 :30, So 14-18 www.copyrightbookshop.be
Literatur	**De Groene Waterman** Wolstraat 7 Mo-Sa 9:30-18 http://groenewaterman.mijnboekhandelaar.com
Comics	**Mekanik Strip ★** Sint Jacobsmarkt 73 Mo-Fr 10-18:30, Sa-19:00 www.mekanik-strip.be
Brügge	
Allg. Sortiment, Reise	**De Reyghere** Markt 12 (Marktplatz) Mo-Sa 8:30-18:15 www.dereyghere.be
Brüssel	
Reise, Geographie	**Anticyclone des Acores** Rue Fossé aux Loups 34 1000 Brüssel Mo-Fr 10-18:30
Politik	**Aurora** Rue Jean Volders 34 St. Gilles, Metro Porte de Hal Mo-Fr 14-18, Sa 11-18
Comics	**Brüsel ★** Boulevard Anspach 100 Mo-Sa 10:30-18:30, So 12-18:30 www.brusel.com
Kunst, Architektur	**Cook&Book ★** Av Paul Hymans 251, Woluwe St. Lambert Mo-Mi 8:30-22, Do-Sa 8:30-24, So -20 www.cookandbook.be

Kunst Politik Zeitschriften	**Filigranes** Avenue des Arts 39-40, 1000 Brüssel Mo-Fr 8-20, Sa 10-19 :30, So 10-19 www.filigranes.be
Literatur	**Passa Porta** Rue Antoine Dansaert 46 Di-Sa 11-19, So 12-18 www.passaporta.be
Literatur	**Ptyx ★** Rue Lesbroussart 39, 1050 Brüssel Mo-Do 10-18:30, Fr 10-20:30 www.librairie-ptyx.be
Alles über Brüssel	**Quartiers Latins** 14, place des Martyrs, 1000 Brüssel Di-Sa 10-18 www.cfc-editions.be
Allg. Sortiment, Kunst	**Tropismes ★** Galerie des Princes 11 Mo 13-18 :30, Di-Sa 10:30-18 :30, So 13:30-18 :30 www.tropismes.com
Charleroi	
Allg. Sortiment	**Librairie Molière ★** Boulevard Tirou 68 Mo-Sa 9:30-18:30, www.moliere.be
Gent	
Architektur Kunst Design	**Copyright ★** Jakobijnenstraat 8 Di-Sa 10-18:30 www.copyrightbookshop.be
Reise	**Atlas &Zanzibar** Kortrijksesteenweg 19 Mo-Sa 10-13, 14-18 www.atlaszanzibar.be
Lüttich (Liège)	
Allg. Sortiment	**Librairie des Carmes** 35 B, Rue St. Paul Lüttich (Liège)

Frankreich

Paris	
Antiquariat	**Librairie Blaizot ★** 164 rue du Faubourg St. Honoré www.librairieblaizot.com
Englisch-sprachige Bücher	**Galignani ★** 224, rue de Rivoli 75001 Paris, Mo-Sa 10-19 www.galignani.com
Englisch-sprachige Literatur	**Shakespeare and Company ★** 37, rue de la Bûcherie, 75005 Paris Mo-Sa 10-23, So 11-23 www.shakespeareandcompany.com
Englisch-sprachiges Antiquariat	**The Abbey Bookshop** 29, Rue Parcheminerie, 75005 Paris Mo-Sa 10-19
Antiquariat	**DF Jousseaume ★** 45 Galerie Vivienne, 75002 Paris Mo-Sa 10-19
Philosophie	**Librairie philosophie J. Vrin** 6, place de la Sorbonne, 75005 Paris Mo-Fr 9-19, Sa 10-19 www.vrin.fr
Luftfahrt	**La Maison du Livre - Aviation** 75 Bd Malesherbes, 75008 Paris Mo-Sa 10-19 www.livre-avaiation.com
Paris	**Librairie du musée Carnavalet★** Hotel Carnavalet; 23 rue de Sévigné Di-So 10-17:30 www.carnavalet.paris.fr
Reise, Geographie	**Ulysse** 26, Rue St. Louis en Île 75004 Paris, Di-Fr 14-20 www.ulysse.fr

Bordeaux	
Kunst, Erotik	**Mollat** 15, rue Vital Carles Mo-Sa 9:30-19:30, So 14-19 www.mollat.com
Banon	
Allg. Sortiment	**Le Bleuet** Place Saint Juste, Banon (Haute Provence) Mo-Sa 9:15-20
Le Somail (bei Narbonne)	
Antiquarische Bücher	**Le trouve tout du livre (Somail)** ★ 28, allée de la Glacière Mo+Mi-So 10-12 (1.4.-30.11), 14:30-18:30 www.le-trouve-tout-du-livre.fr
Lyon	
Allgemeines Sortiment	**Le bal des ardents** ★ 17, rue Neuve, (Metro: Hotel de Ville) Mo-Sa 10-19 www.lebaldesardents.com
Reise	**Raconte-moi la Terre** 14, rue du Plat 10 (Mo 12-)-19:30 www.racontemoilaterre.com
Metz	
Bahnhofs-buchhandel	**Payot** ★ Gare de Metz 13, plaxce du Général de Gaulle Mo-Fr 5:30-21:30, Sa 5:30-21
Nantes	
Reise	**Geothèque** ★ 10, Place Pilori Mo-Sa 10-20 geotheque.over-blog.com/
Versailles	
Alles zu Versailles	**La Librairie des Princes** ★ Ailes des Ministres Su, Château **Versailles** Di-So 9:30-18 (Sommer -19)

Großbritannien

London	
Allg. Sortiment	**Foyles** 113-119 Charing Cross Road Mo-Sa 9:30-21:00, So 11:30-18 www.foyles.co.uk
Allg. Sortiment	**Hatchards ★** 187, Piccadilly U-Bahn: Picadilly Circus Mo-Sa 9:30-19, So 12-18 www.hatchards.co.uk
Literatur	**London Review Bookshop** 14, Bury Place, WC1A 2Jl London Mo-Sa 10-18:30, So 12-18 www.lrbshop.co.uk
Allg. Sortiment	**John Sandoe ★** 10 Blacklands terrace, Chelsea Mo-Sa 9:30-17:30 (Mi: -19:30), So: 12-18 www.johnsandoe.com
Erstausgaben	**Goldsboro Books** 7 Cecil Court Mo-Sa 10-18 www.goldsborobooks.co.uk
Antiquariat	**G. Heywood Hill ★** 10, Curzon Street Mo-Fr 9-17:30, Sa 9-16:30 www.heywoodhill.com
Second Hand	**Skoob Books** 66, the Brunswick Mo-Sa 10:30-20, So 10:30-18 www.skoob.com
Reise, Geographie	**Daunt Books ★** 83 Marylebone High Street London W1U 4QW Mo-Sa 9-19:30, So 11-18 www.dauntbooks.co.uk

Reise, Geographie	**Stanfords** ★ 7 Mercer Walk London WC2H 9FA Mo-Sa 9-20, So 11:30-18 www.stanfords.co.uk
Antiquariat	**Word on the water, Bookbarge** Am Kanal hinter der Paddington Station Mo-So 10-19 www.facebook.com/wordonthe water
Musikbuch-Antiquariat	**Travis& Emery** 17 Cecil Court Mo-Sa 10:15-18:45, So 11:30-16:30 www.travis-and-emery.com
Alnwick	
Antiquariat	**Barter Books** ★ Alnwick Railway Station, Alnwick Mo –So 9-19 (Di im Winter 9-17) www.barterbooks.co.uk
Bradford	
Allgemeines Sortiment	**Waterford Wool Exchange** ★ Hustlergate, Bradford Mo-Sa 9-17:30, So 10:30-16:30 www.waterstones.com
Birmingham	
Allgemeines Sortiment	**Waterstones** ★ New Street 128, Birmingham Mo-Sa 9:30-18:30
Cromford	
Allgemeines Sortiment	**Scarthin Books**★ The Promenade , Cromford, Derbyshire Mo-Sa 9-18, So 12-18 www.scarthinbooks.com
Hay-on-Wye	
Allgemeines Sortiment	**Richard Booth´s Bookshop** ★ 44 Lion Street Mo- Sa 9:30-16:30, So 11-16 www.boothbooks.co.uk

Nordeuropa

Dänemark	
Reisebuch- handlung	**Tranquebar** ★ Borgergade 14, Kopenhagen Mo-Fr 11-20 www.tranquebar.net
Finland	
Allg. Sortiment	**Akateminen Kirjakaupa** ★ Keskuskatu 1, Helsinki Mo-Fr 9-21, Sa 9-18 www.akateeminenkirjakauppa.fi
Literatur, Antiquariat	**Arkadia** ★ Nervanderinkatu 11 Di-Sa 12-19 www.arkadiabookshop.fi
Schweden	
Verkehr, Musik	**Stenvalls** Föreningsgatan 12, Malmö Mo-Fr 10-18 www.stenvalls.com
Allg. Sortiment	**Hamrelius** Södergatan 28, Malmö Mo-Fr 10-19, Sa 10-17, So 13-17 www.hamrelius.com
Science- Fiction	**SF-Bokhandeln** Västerlangsgatan 48, Stockholm Mo-Fr 10-19, Sa 10-17, So 12-17 www.sfbok.se
Norwegen	
Allg. Sortiment	**Tronsmo** Kr. Augustgate 19, Oslo Mo-Mi 9-17, Do-Fr 9-18, Sa 10-16 www.tronsmo.no
Allg. Sortiment	**Tanum Karl Johan** ★ Karl Johansgate 37 Mo-Fr 9-20, Sa 10-18 www.tanumbokhandel.no

Italien

Rom	
Allg. Sortiment	**Feltrinelli ★** Galleria Colonna, Piazza Colonna 31/35 So, Mo-Fr 10-21, Sa 10-22 www.lafeltrinelli.it
Allg. Sortiment	**Mel Bookstore ★** Via Nazionale 254 Mo-Sa 9-20, So 10-13:30, 16-20 www.melbooksotre.it
Nautik, Geographie	**Il Mare** Via di Ripetta 239, Mo-Sa 9:30-19:30 www.ilmare.com
Mailand	
Kunst, Antiquariat	**Bocca ★** Galleria Vittorio Emmanuele II, 12 www.libreria.bocca.com
Allg. Sortiment	**Rizzoli ★** Galleria Vittorio Emmanuele II, 79 Mo-Sa 10-21 Libreriarizzoli.corrriere.it
Reise	**Luoghi&libri** Via Vettabia 3 Mo 15-19:30, Di-Sa 10-19:30 www.luoghietlibri.it
Nautik	**La libreria del Mare** Via Broletto 28 Mo 15-19, Di-Sa 10-19 www.libreriadelmare.it
Kunst, Design	**Corso Como ★** Corso Como 10 www.10corsocomo.com

Übrige Städte	
Allg. Sortiment	**Libreria Palazzo Roberti** ★ Via Jacobo da Ponte 34, Bassano del Grappa Di-Sa 9-12:30, 13:30-19:30 www.palazzoroberti.com
Allg. Sortiment	**Libreria Coop Ambasciatori** ★ Via Orefici 19, Bologna Mo-Sa 9-24, Sa 10-24 www.librerie.coop.it
Allg. Sortiment	**Libreria Edison** Piazza della Repubblica 27, Florenz Mo-Sa 9-24, So 10-24 www.libreriaedison.it
Allg. Sortiment	**Casa dei Libri** Galleria Subalpina 10051 Turin (Innenstadt)
Literatur	**Saba** Via San Nicolò 30, Triest Di-Sa 9-12:30, 15:30-19:30 www.libreriasaba.it
Reise	**Transalpina Libreria** Via di Torre Bianca 27/a, Triest Mp-Sa 9-13, 15:30-19:30
Sortiment, Venedig	**Acqua Alta** ★ Sestiere Castello 5167 30122 Venedig

Van Loock und die Graffitis

Wann immer der Eigentümer der Brüsseler Buchhandlung Van Loock nach Ladenschluss seinen Metallrolladen herunterließ konnte er sicher sein, dass sich bald Sprayer an der Fläche zu schaffen machten. Als er wieder mal Spraydosen kaufte, um die Graffitis zu übermalen, kam ihm eine Idee. Er nahm Kontakt zu einem Sprayer auf und beauftragte diesen, den Namenszug des Ladens als Graffiti auf dem Metallrolladen anzubringen. Dieses Kunstwerk wurde von anderen Graffiteuren sofort respektiert und das Graffiti-Problem war der Laden damit los.

Spanien und Portugal

Spanien	
Reise *(größter europ.* *Reisebuchladen)*	**Altair** ★ Gran Via 616, Barcelona www.altair.es
Musikalien	**Casa Beethoven** La Rambla 97, Barcelona
Alpinismus *(größter europ.* *Bergsteiger-* *buchladen)*	**Desnivel** ★ Plaza Matute 6, Madrid Mo-Sa 10-14, 16:30-20:30 www.libreriadesnivel.com
Kostenlose Second Hand Bücher	**Libros Libres** Calle Corravubias 7, Madrid Mo-So 12-20
Bücher zu Madrid	**La libreria del Palacio Cibeles** ★ Plaza de Cibeles 1, Madrid
Kinderbücher	**Libreria Multicolor** Calle Arenal 3, 28013 Madrid Mo-Fr 10-14, 16:30-20:30, Sa 10-14 www.libreriamulticolor.com
Portugal	
Allg. Sortiment	**Betrand Chiado** ★ Rua Garrett 73/75, 1200-203 Lissabon Mo-Fr 9-20, Sa 9-22, So 14-18 www.bertrand.pt
Allg. Sortiment	**Ler Devagar** ★ Rua Rodrigues Faria 103, Lissabon Di-Do 12-0, Fr-Sa 12-2, So 15-22 www.lerdevagar.com
Antiquariat	**Do Simao** Escadinhas De S. Cristovao 18 1100-512 Lissabon
Allg. Sortiment	**Lello** ★ 114 r. das Carmelitas, Porto Mo-Fr 9:30-19, Sa 9:30-13 www.lelloprologolivreiro.com.sapo.pt

Osteuropa

Lettland	
Reisebücher	**Jana Seta** Elizabetes iela 85a, Riga Mo- Fr 10-19, Sa 10-17, www.karsuveikals.lv
Kunst, Design	**Lukabuka ★** Aspazijas bulv. 3, Riga www.lukabuka.lv
Polen	
Antiquariat, englisch- sprachige B.	**Massolit ★** Ul Felicjanek 4, Krakau www.massolit.com
Allg. Sortiment, Krakau	**Hetmanska** Rynek Glowny 17, Krakau Mo-Sa 9-21, So 11-21 www.hetmanska.info
Allg. Sortiment	**Bookarest ★** Polwiejska 42 (Stary Browar), Posen Mo-Sa 9-21, www.bookarest.pl
Literatur	**Tarabuk** Ul Browarna 6, Warschau Mo-Fr 10-22:00, So 12.22:00 www.tarabuk.pl
Russland	
Allg. Sortiment	**Dom Knigi ★** Nevsky Prospekt 62, St. Petersburg Mo-Sa 9-22, So 10-22 www.dk.spb.ru
Allg. Sortiment	**Moskovskij Dom Knigi** Novyi Arbat 18, Moskau Mo-Fr 9-23, www.mdk-arbat.ru
Serbien	
Allg. Sortiment	**Knijzara Akademia** Knez Mihailova 351, Belgrad Mo-So 9-23, www.ips.co.yu

Slowakei	
Allg. Sortiment	**Pod Vrskom** Kupecka 7, Nitra Mo-Fr 9-18, Sa 9-12 www.podvrskom.sk
Tschechische Republik	
Allg. Sortiment	**Globe Bookstore** Pstrossova 6, Prag Mo-So 9:30-24, www.globekoostore.cz
Allg. Sortiment	**Shakespeare and Sons** Krymska 12, Prag Mo-Fr 12-19:00; www.shakes.cz
Ungarn	
Allg. Sortiment	**Alexandra ★** Andrassy Utca 39, Budapest www.alexandra.hu
Allg. Sortiment	**Libri ★** Vaci Utca 22, Budapest www.libri.hu
Literatur	**Ìrók Boltja ★** Andrassy Utca 45, Budapest Mo-Fr 10-19, Sa 11-18 Irokboltja.hu

In Kiew gab es einst eine Buchhandlung ‚Kabinett für das Lesen der russischen Literatur'. Der Besitzer Pawel Dolshikow, ein pensionierte Kapitän, hatte das Schaufenster mit einem Eber dekoriert. Als sich Gogol 1848 einige Tage in Kiew aufhielt, träumte Dolshikow davon, den berühmten Schriftsteller als Gast zu haben. Als Gogol durch die Straßen spazierte, fing es plötzlich an zu regnen und der Schriftsteller suchte Schutz in Dolshikows Buchladen. Dieser erkannte ihn nicht und meinte missmutig, *‚der Laden ist Ihnen keine Schenke'*. Gogol antwortete: *„Jetzt verstehe ich, warum bei Ihnen im Schaufenster ein Eber steht, das sind Sie selber'* und ging von dannen. Als Dolshikow erfuhr, wen er da zu Gast hatte, raufte er sich die Haare.

Nordamerika

Bethlehem (Pennsylvania)	
Sortiment *(ältester Buchladen Amerikas)*	**Moravian Bookshop** 428 Main Street Mo-Sa 10-21, So 12-21 www.moravianbookshop.com
Boston	
Kunst (Antiquariat)	**Ars Libri** 500 Harrison Avenue Mo-Sa 9-18, Sa 11-17 www.arslibri.com
Antiquariat	**Brattle Bookshop** 9, West Street, Mo-Sa 9-17 :30 www.brattlebookshop.com
New York	
Allg. Sortiment	**Strand** 828 Broadway (at 12th Street) Mo-Sa 9:30-22:30 www.strandbooks.com
Allg. Sortiment, Kunst	**Rizzoli** 31 West, 57th Street Mo-Fr 10-19:30, Sa 10:30-19, So 11-19 www.rizzoliusa.com
Second Hand	**Unnameable books** 600 VanderbuiltAvenue (Brooklyn) www.unnameablebooks.net
Second Hand	**Westsider Books** 2246 Broadway, Mo-So 10-24 Westsiderbooks.com
Architektur	**Van Alen Books** 30 West 22nd Street www.vanealen.org

Los Angeles	
All. Sortiment	**The Last Bookstore** 453 South Spring Street Mo-Do 10-22, Fr-Sa 10-23, So 10-18 www.lastbookstoreLA.com
Comics	**Secret Headquarters** 3817 W Sunset Boulevard Mo-Sa 11-19, So 11-17 www.thesecretheadquarters.com
Portland (Oregon)	
Sortiment, Second Hand	**Powell's City of Books** 1005 W. Burnside, Mo-So 9-20:30 www.powells.com
San Francisco	
Allg. Sortiment, Taschen-bücher	**City Lights** 261 Columbus Avenue Mo-So 10-24 www.citylights.com
Vancouver	
Kunst, Design	**Project Space** 222 E Georgia Street www.projectspace.ca
Victoria (Kanada)	
Allg. Sortiment	**Munro's Books** 1108 Government Street Mo-Mi 9-18, Do-Fr 9-21, Sa, So 9-18 www.munrobooks.com

Lateinamerika

Mexico City	
Allg. Sortiment	**El Pendulo Polanco** Alejandro Dumas 81 www.pendulo.com
Allg. Sortiment	**Libreria Rosario Castellanas** *Tamaulipas 202* Mo-Do 9-23, Fr-So 9-24 www.libreriasdelfondo.com
Havana	
Allg. Sortiment	**La Moderna Poesia** Obispo 527 (Habana Vieja) Mo-So 10:00-20:00
São Paulo	
Allg. Sortiment	**Livraria Cultura** Avenida Paulista 2073 Mo-Sa 9-22, So 12-20 www.livrariacultura.com.br
Allg. Sortiment	**Livraria Freebook** Rua da Consolação 1924 Mo-Fr 10-19, Sa 12-16 www.freebook.com.br
Allg. Sortiment	**Livraria da Vila** Almaneda Lorena 1731, Jardim Paulista Di-Sa 10-22, So 11-20 www.livrariadavila.com.br
Buenos Aires	
Allg. Sortiment	**El Ateneo Grand Splendid** Avenida Santa Fe 1860 Mo-Do 9-22, Fr-Sa 9-24, So 12-22 www.tematika.com
Allg. Sortiment	**El Ateneo Florida** Florida 340 Mo-Fr 9-20, Sa 9-17 www.tematika.com

China

Peking	
Allg. Sortiment	**The bookworm** Building 4, Sanlitun Nan, Changyan Mo-So 9:00-02:00 www.beijingbookworm.com
All.Sortiment *(größter Buchladen der Welt)*	**Beijing Books Building** Xidan Shopping District 17 Changan Avenue West, U-Bahn: Xidan www.bjbb.com
Allg. Sortiment	**Haidian Book City** 36 Haidijan Xidajie Mo-So 9-18:00
Xiamen, China	
Design	**Apodon** 219-225 Zhoingshan RoadXiamen City (Fujian)

Taipeh, Taiwan	
Allg. Sortiment	**Eslite Xinyi Store** Xinyi-Viertel; 11, Songgao Road So-Do 10-24, Fr-Sa 10-2 www.eslite.com
All. Sortiment	**VVG, Something** 13 Alley 40, Lane 181, Sec. 4 Zhong Xiao E. rd

Übriges Asien

Tokio	
Design	**Shibuya Bookstore** 17-3 Kamiyama-cho Mo-Fr 12-24, Sa-So 11-12 www.shibuyabooks.net
Allg. Sortiment	**T-Site Daikanyama** Sarugakucho 16-15, Shibuya-ku www.tsite.jp
Seoul, Korea	
Allg. Sortiment	**Kyobo** 1 Jong-jo 1 Street Mo-Sa 10-21 www.kyobobook.co.kr
Design, Kunst	**10, Corso como** 79, Cheongdamn-dong Mo-So 11-20 www.10corsocomo.com

Ozeanien

Sydney, Australien	
Kunst	**Published Art** 23-33 Mary Street, Surrey Hills www.publishedart.com.au
Melbourne, Australien	
Kunst, Design	**NGVI Bookshop** 180 St. Kilda Road www.ngvshop.ngv.vic.gov.au

Afrika und Naher Osten

Beirut, Libanon	
Allg. Sortiment	**Papercup Store** Agopian Building, Pharaon Street, Mar Mikhael, Beirut www.papercupstore.com

Buchmarkt.de: Buchhandlung des Jahres (2003-2014)

Unabhängige Sortimentsbuchhandlung	
	2004: Bücherinsel, Dieburg, 2005: Drombowsky, Regensburg 2006: Graff, Braunschweig 2007: Buch Greuter, Singen, 2008 Buchhaus Loschwitz, Dresden, 2009 Literatur Moths, München; Rote Zora, Merzig 2010 Schaumburg, Stade; Riemann, Coburg; buchladen 46, Bonn
2011	Gustav Roth, Offenburg und Vogel, Schweinfurt
2012	Dietsch, Düsseldorf
2013	Lehmkuhl, München
2014	Dombrowsky, Regensburg

Großbuchhandlung (bis 2004: Filialbuchhandlung)
2003: Ravensbuch, Ravensburg 2004: Buchhaus Campe, Nürnberg; 2005: Interbook, Trier, 2006 Dussmann, Berlin, 2007 Ravensbuch, Friedrichshafen, 2008 Heymann, Hamburg 2009 Reuffel, Koblenz 2010 Osiander, Tübingen 2011, Dannheimer, Kempten 2012 Wittwer, Stuttgart, 2013 Pustet, Regensburg, 2014 Herwig Göppingen

Newcomer	
	2006 dreizehneinhalb, Würzburg; Bollinger, Oberursel; 2007 PeissenBuch, Peissenberg; 2008 Karola Brockmann, Brühl; 2009 S'Buchlädel, Wörth
2011	Winter, Berlin
2012	Transfer Bücher und Medien, Dortmund
2013	Logbuch, Bremen
2014	R^2, Siegburg

Fachbuchhandlung		
2007 Heinrich Heine, Hamburg Fachbücher, 2008 Schleichers, Berlin Wissenschaft, 2009 Manz, Wien Recht, Wirtschaft		
2010	Stephanus, Trier	Unibuchhandl.
2012	Boysen&Mauke, Hamburg	Recht, Wirtschaft
2013	Karl Marx-Buchh., Frankfurt	Politik, Gesellschaft
2014	Uni-Buch, Kaiserslautern	Wissenschaft

Spezialbuchhandlung		
2005	Berlin Story, Berlin	Berlin-Bücher
2006	Schmitz Junior, Essen	Kinderbücher
2007	Landkartenhaus Freiburg	Karten, Reisbücher
2008	Frank Petzchen, Düsseldorf	Kochbücher
2009	Siedepunkt, Münster	Kochbücher
2011	Ars Liturgica, Maria Laach	Religion
2012	Schropp Land+Karte, Berlin	Reisebücher
2013	Buchhandlung i Städel, Frankfurt	Kunst
2014	Lillemors, München	Frauenbuchhandlung

Quelle: www.buchmarkt.de

Niedersächsische Buchhandlung des Jahres

2001	Anna Thye, Oldenburg
2003	Ferdinand Schöttler, Diepholz
2005	Litera, Hannover
2007	Schaumburg, Stade
2009	Graff, Braunschweig
2011	Lünebuch, Lüneburg
2013	Buch und Medienhaus Sutmöller, Melle
2016	Susannes Buchhandlung, Wiesmoor
2018	Slawski, Buchholz
2019	Von Bestenbostel, Nordenham

Independent   10 best bookshops in the world

1	Amsterdam, American Book Center
2	Paris, Shakespeare and Company
3	Mumbai, Smoker's Corner
4	Cape Town, Clare's Bookshop
5	San Francisco, City Lights Bookshop
6	Singapore, Basheer Graphic Books
7	New Zealand, Octagon Books
8	London Review Bookshop
9	Sydney/Melbourne, Boat books
10	New York, Strand

(www.independent.ie/travel/travel-destinations/10-best-bookshops-in-the world-1766158.html)

SPOTCOOLSTUFF
The world's coolest looking bookstores
http://travel.spotcoolstuff.com/shopping/worlds-best-bookstores

1	Maastricht, Selexyz Dominicanen
2	Beijing, Poplar Kid's Republic
3	Porto, Livraria Lello
4	Buenos Aires, El Ateneo
5	Paris, Shakespeare & Co
6	Mexico City, El Pendulo

Lonely Planet **The World´s greatest bookshops**

1	City lights, San Francisco
2	Libreria El Ateneo Gran Splendid, Buenos Aires
3	Livraria Lello, Porto
4	Shakespeare & Co, Paris
5	Daunt Books, London
6	Another Country, Berlin
7	Bookworm, Beijing
8	Selexyz Dominicanen, Maastricht
9	Bookabar (heute Arion) Rom
10	Atlantis Books, Santorini

Rainer Moritz, Reto Guntli
‚Die schönsten Buchhandlungen Europas' (2010
Im Buch vorgestellte 20 Buchläden:
Buchhandlungen in deutschsprachigen Ländern = fett

G. Heywood Hill, London
Bücherbogen am Savignyplatz, Berlin
Libreria Altair, Barcelona
Librairie Auguste Blaizot, Paris
Tropismes, Brüssel
Buchhandlung Beer, Zürich
Selexyz Dominicanen, Maastricht (Namenswechsel)
Antiquariat Burgverlag, Wien
Bookabar, Rom (Namenswechsel)
Stauffacher, Bern
Felix Jud, Hamburg
Daunt Books, London
Buchhandlung zum Wetzstein, Freiburg
Livraria Lello, Porto
Buchhandlung Mora, Salzburg (mittlerweile geschlossen)
Thalia-Buchhaus Campe, Nürnberg
Libraria Galignani, Paris
Buchhandlung Aigner, Marbach a.N. (Namenswechsel)
Buchhandlung Friedrich Schaumburg, Stade
La Casa del Libro, Turin

Im Buch Markus S. Braun
*Long-established and the most fashionable **bookshops***
(2012) ***vorgestellte Buchhandlungen***

Deutschland, Österreich, Schweiz	
Berlin	Bücherbogen
Berlin	Moritzplatz Bookshop
Berlin	Pro qm
Nürnberg	Korn& Berg
Stuttgart	Hugendubel
Innsbruck	Haymon
Bern	Orell Füssli
Lausanne	Librairie La Fontaine
Übriges Europa	
Amsterdam	American Book Center
Amsterdam	Mendo
Athen	Papasotiriou
Bassano	Palazzo Roberti
Bratislava	Alexis (geschlossen)
Brüssel	Cook&Book
Helsinki	Academic Bookstore
London	Foldaway
London	Heywood Hill
Maastricht	Selexyz Dominicanen (umbenannt)
Mailand	10 Corso Como
Oslo	Tanum Karl Johan
Paris	Shakespeare & Co
Riga	Lukabuka
Rivoli (IT)	Diorama
Rom	E´Stile
Stockholm	Vagabond (geschlossen)

Fortsetzung von voriger Seite

Nordamerika	
Beverly Hills	Taschen Store
Los Angeles	The Last Bookstore
New York	OHWOW Book Club
New York	Strand
New York	Van Alen Books
Victoria (Kanada)	Munro's Books
Lateinamerika	
Buenos Aires	El Ateneo Gran Splendid
Sao Paulo	Livraria Cultura
Sao Paulo	Livraria da Vila
Sao Paulo	Livraria Freebook
Santiago	Contrapunto
Asien	
Beirut	Papercup
Beijing	Kubrick Bookshop&Café
Beijing	Kid's Republic
Singapur	Prologue (geschlossen)
Taipei	VVG Something
Tokyo	Shibuya Booksellers
Tokyo	T-Site Daikanyama
Xiamen (China)	Apodon
Australien	
Sydney	Published Art

Im Buch Meine schöne Buchhandlung (Knesebeck, 2017) vorgestellte Buchhandlungen

Deutschland	
Berlin	Bücherbogen am Savignyplatz
Berlin	Georg Büchner Buchladen
Berlin	Dussmann
Berlin	Nicolaische Buchhandlung
Berlin	Einart & Bert Theaterbuchhandlung
Berlin	Uslar und Rai
Berlin	Pro qm
Hamburg	Stories!
Hamburg	Felix Jud
Hamburg	Buchhandlung und Antiquariat Lüders
Hamburg	cohen+dobernigg
Hamburg	Sautter+Lackmann
München	Wortwahl-Salon für Buchkultur
München	Bücher Lentner
München	Lehmkuhl
Köln	Walther König
Köln	Klaus Bittner
Augsburg	Kolonial Feinkost
Bonn	Böttger
Bremen	Storm
Düsseldorf	Müller&Böhm
Frankfurt	Autorenbuchhandlung marx&co
Freiburg	Zum Wetzstein
Gau-Algesheim	herr holgersson
Heidelberg	WortReich
Nürnberg	Korn& Berg
Potsdam	Wist-der Literaturladen
Stade	Schaumburg
Stuttgart	Rita Limacher
Tübingen	H.P.Willi Buchhandlung, Antiquariat
Würzburg	Dreizehneinhalb
Österreich, Schweiz	
Innsbruck	Wagner´sche Buchhandlung
Appenzell	Bücherladen
St. Gallen	Buchhandlung zur Rose
Zürich	Buchhandlung sec52

UNESCO-World Book Capital
(Weltbuchhauptstadt)
2001 Madrid, 2002 Alexandria, 2003 Neu-Delhi 2004 Antwerpen, 2005 Montreal, 2006 Turin, 2007 Bogota, 2008 Amsterdam, 2009 Beirut, 2010 Ljubljana, 2011 Buenos Aires, 2012 Eriwan (Yerewan), 2013 Bangkok, 2014 Port Hartcourt (Nigeria), 2015 Incheon (Südkorea), 2016 Worclaw, 2017 Conakry (Guinea), 2018 Athen, 2019 Sharjah

2020	Kuala Lumpur (Malaysia)
2021	Tiflis (Georgien)

Buchmessen und Buchevents

Deventer (NL) Boekenmarkt/Büchermarkt	Jeweils am ersten Sonntag im August
Frankfurter Buchmesse	14-18. Oktober 2020
BuchBasel	6-8. November 2020
Leipziger Buchmesse (abgesagt)	12-15.März 2020
Solothurner Literaturtage	Mai 2020
Salon du Livre Paris Paris Book Fair	20-23. März 2020
Foire du livre de Bruxelles	5-8. März 2020

Literatur

Elisabeth Bandulet, Maria Platte
Meine schöne Buchhandlung
Knesebeck, München 2017

Markus S. Braun (Hrsg.)
Long-established and the most fashionable bookshops
Braun, 2012

Elena Bizjak, Stelio Vinci
The Poet´s bookshop- Umberto Saba
Triest 2008

Jean Campbell
Weird things customers say in bookshops
Constable, London 2012

Jean Campbell
The Bookshop Book
Constable, London 2014

Jorge Carrion
Bookshops
London 2016

Irmgard Harrer
Wien und die Bücher, Bücher, Bücher
Metroverlag, Wien 2010

Dirk Kruse
Meine wunderbare Buchhandlung
Ars vivendi, Cadolzburg 2010

Peter Laubenthal (Hrsg.)
Gleich nebenan
Berlin 2009

Rainer Moritz, Reno Guntli
Die schönsten Buchhandlungen Europas
Gerstenberg, Hildesheim 2010

Rainer Moritz
Leseparadiese-Liebeserklärung an die Buchhandlung
München 2019

Andrea Nagele
**111 Orte in Klagenfurt und am Wörthersee, die man
gesehen haben muss**
Emons Verlag, Köln 2015

Penny Mountain, Christopher Foyle
Foyles - a celebration
Foyles books, London 2003

Book lovers London
Metro Publications, London 2009

Sasa Satnisic, Elif Shafak, Ali Smith, Andrej Kurkow,
Daniel Kehlmann u.a.
Die Welt in Seiten
Liebeserklärungen an Buchhandlungen
Hamburg 2017

Webseiten- Allgemein

Bookstore Guide
www.bookstoreguide.org

Bookshops to love
http://www.nextstop.com/guide/l5pIpJskqiE/bookshops-to-love/

International Booksellers Federation, Calendar 2007
http://www.ibf-booksellers.org/about.htm

Webseiten- spezielle Themen

Antiquariate
http://www.ilab.org/

Architektur
http://www.workshop-archiv.de/archiv/etc/buchhandlungen.html

Kochbücher
http://valentinas-
kochbuch.de/files/kochbuchhandlungen_valentinas3.pdf

Krimis
http://www.krimi-couch.de/buchhandlungen.html
http://www.reisegeschichte.de/geschich/gesch-verlage.htm

Reisebuchläden
Niederlande: http://www.reisboekhandel.nl/

Luftfahrt
http://www.aeroflight.co.uk/biblio/bookshop.htm

Buchläden nach Städten
Lyon: http://www.librairie-ambulante.com/librairies/index.html
Tübingen: http://www.buechermaus.de/buchstadt.htm
Barcelona: http://www.guiadelcomic.com/barcelona/librerias.htm

Weitere Buchladenbücher und Literaturbücher von Richard Deiss

(siehe auch www.bod.de)

Erdkunde ist König
111 Reisebuchläden, die man kennen sollte
Books on Demand, Norderstedt 2020

Plattenbau-Proust und Detroit-Dickens
Schriftstellerbeinamen und Buchfakten, welche Ihnen gerade noch gefehlt haben
Norderstedt 2019